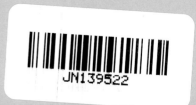

日常診療における精神療法
10分間で何ができるか

編集

中村　敬

星　和　書　店

Seiwa Shoten Publishers

2-5 Kamitakaido 1-Chome
Suginamiku Tokyo 168-0074, Japan

まえがき

近年，精神療法に対する若手精神科医の熱気や関心が今一つ感じられない。このことには「右手に操作的診断基準，左手に薬物アルゴリズム」といったコンビニエントな診療に傾きがちな趨勢に加えて，次のような日本の精神科臨床の制約も一因をなしていることが推測される。

定型的な精神療法では，通常１回のセッションに１時間程度の枠が想定されている。他方，一般の外来診療で医師が１人当たりの患者に費やすことのできる時間は数分から長くても 20 分間程度，平均すれば 10 分間くらいに過ぎないのではなかろうか。このような日常診療における時間的制約が壁になって，若手精神科医の精神療法に対する関心を削いでいるとはいえないだろうか。自費診療に徹する少数の精神療法家を除き，精神療法に携わる精神科医は，精神療法の適応と判断される患者を選定し，通常の外来枠とは異なる時間帯で治療を実施しているだろう。けれども問題は，特別枠での精神療法が適用される患者は少数に限られ，通常の外来を受診する大部分の患者は精神療法的関与の埒外に置かれていることにある。我が国のような診療制度の下で，精神科医が一般外来で精神療法的アプローチを実施することは不可能なのだろうか。

そうとばかりは言えない。一定の病因仮説に従って，その病因を変化させるために固有の技法を行使するという伝統的な精神療法観からもう少し自由に視点を変更すれば，日常診療の枠内でも精神療法的アプローチを実施する可能性が開かれてくるはずである。筆者は，病因論の代わりに種々の要因の連鎖として生ずる回復過程に精神療法の根拠を置くことを提唱してきた。このような精神療法の特徴は，自然治癒力（レジリアンス）の活性化を重視するところにある。また回復を阻害する要因を除去または軽減させることもしばしば必要になる。

見渡してみると，優れた臨床家はあえて精神療法と銘打たずとも，患者の回復を促す技法を自然に身に着けているものである。例えばそれは診察の始めや終わりに心がけている挨拶や態度であるかもしれないし，投薬に添える言葉であるかもしれない。それらの言葉や診療姿勢は狭義の精神療法とは言えないにせよ，薬物の直接的な作用を超えて患者の回復に寄与するという点で，精神療法的アプローチと呼ぶことができるはずである。

上記のような問題意識に沿って，「日常診療における精神療法」をテーマに編まれたのが本書である。主だった精神疾患について，それぞれ豊富な臨床経験をお持ちの方々にご執筆をお願いした次第だが，幸いなことにいずれの著者からも，生き生きとした診療の工夫が濃縮された読み応えのある原稿をお寄せいただいた。また西岡和郎氏，松本晃明氏，渡邊衡一郎氏という気鋭の精神科医を迎えての座談会の記録も併せて収録した。

今日，精神療法も EBM（evidence-based medicine）の波に洗われており，治療効果を統計学的に実証することが求められている。けれどもそのような実証研究に適するのは，操作的診断によって均質の対象を選び，技法をマニュアルに忠実に適用して，共通の評価スケールによって変化を同定するという条件を満たしたセッティングである。そのような人工的セッティングと日常臨床の場面との隔たりは決して小さなものではない。多様な苦悩を抱え，一人一人独自の人生を歩んできた患者たちを相手にする日常臨床では，治療マニュアルを墨守することではなく，個々の患者に応じて工夫を凝らし，変化のプロセスに臨機応変に対処することがなくてはならない。それだけに，治療者一人一人の経験の蓄積に依るところが大きいのである。本書で意図したのは，そのような臨床家の経験に基づく技法をオープンにして読者の検証に委ねること，すなわち‘experience-based medicine’の試みである。こうした企画に快く賛同され，出版にご尽力頂いた星和書店の石澤雄司氏，編集作業にご助力頂いた近藤達哉氏，太田正稔氏にはこの場を借りて御礼申し上げたい。

本書をご一読頂いた方々が，精神療法に対してことさら身構えることなく，各々の著者の診療姿勢，技法を日々の診療に取り入れ役立てて頂ければ，編者としてこれに勝る喜びはない。

2016 年 10 月　中村　敬

目　次

●座談会参加者および執筆者一覧●

【座談会参加者】

中村　敬　　東京慈恵会医科大学附属第三病院精神神経科

西岡　和郎　独立行政法人国立病院機構東尾張病院

松本　晃明　静岡市こころの健康センター

渡邊衡一郎　杏林大学医学部精神神経科学教室

【執筆者】

渡邉　博幸　千葉大学社会精神保健教育研究センター／学而会木村病院

肥田　裕久　ひだクリニック

鈴木　映二　東北医科薬科大学医学部精神科学教室

菊地　俊暁　杏林大学医学部付属病院精神神経科

中村　敬　　東京慈恵会医科大学附属第三病院精神神経科

中尾　智博　九州大学大学院医学研究院精神病態医学

仁木　啓介　ニキハーティーホスピタル

野間　俊一　京都大学大学院医学研究科脳病態生理学講座精神医学

塩路理恵子　東京慈恵会医科大学精神医学講座／東京慈恵会医科大学森田療法センター

林　　公輔　International School of Analytical Psychology Zurich

山寺　亘　　東京慈恵会医科大学葛飾医療センター精神神経科／東京慈恵会医科大学精神医学講座

椎名　明大　千葉大学社会精神保健教育研究センター治療・社会復帰支援研究部門

林　　直樹　帝京大学医学部精神神経科学教室

今村　明　　長崎大学病院地域連携児童思春期精神医学診療部

岡田　俊　　名古屋大学医学部附属病院親と子どもの心療科

第1章

座談会
日常診療における精神療法
10分間で何ができるか

中村　敬（司会）　東京慈恵会医科大学附属第三病院精神神経科
西岡和郎　名古屋大学大学院医学系研究科精神医学分野（座談会開催時所属）
（現所属・独立行政法人国立病院機構東尾張病院）
松本晃明　静岡県立静岡がんセンター腫瘍精神科（座談会開催時所属）
（現所属・静岡市こころの健康センター）
渡邊衡一郎　杏林大学医学部精神神経科学教室

限られた時間の中で精神療法的な対応はできるのか

中村　本日は『日常診療における精神療法：10分間で何ができるか』というテーマで座談会を企画しました。まず，私から，そのようなテーマで臨床家の意見交換を通じ，本にまとめたいと思った問題意識についてお話をさせていただきます。

近年，若手の精神科医の精神療法に対する関心は，総じて希薄です。その一因は，右手に“操作的診断基準”，左手に“薬物アルゴリズム”といったコンビニエントな診療が好まれているという状況にあります。

西岡和郎

京都大学医学部医学科卒。医学博士。マルセイユ大学病院，長浜赤十字病院，藤田保健衛生大学医学部を経て，名古屋大学大学院精神医学分野准教授。2016年4月より国立病院機構東尾張病院。

加えて，日本の精神医療においては，大勢の患者さんを限られた時間で診療しなければならないという現実の制約が，精神療法に対する関心を削いでいることも否めません。

私自身は半日で30人くらいの患者さんを診ています。平均すると1人10分程度の診療時間です。そのような状況の中で，精神療法に関心のある精神科医はどのようにしているのでしょうか。自費診療による少数の精神療法家は別として，通常の診療とは別枠でごく少数の患者さんに対して時間を取った精神療法を行っているという方が多いのではないでしょうか。あるいは，臨床心理士がいれば，自分では行わずに臨床心理士に任せているという方もいるでしょう。定型的な時間を取った精神療法を行うとなると，そういったやり方しかありません。しかし，それでは精神療法の対象になる人はごく限られてしまいます。大多数の患者さんは精神療法的な関心の埒外に置かれてしまっています。

限られた時間の中で精神療法的な対応は本当にできないのでしょうか。これは精神療法をどう捉えるかによって，Yesでもあり，Noでもあると思います。従来の精神療法には様々な学派があります。基本的には，病因を変化させるような治療のストラテジーなり技法の体系があるということが，それぞれの学派たる所以だと思います。ただし，実際のところは，精神療法の諸学派が主張するほどには，病因を変化させているかどうかは疑わしいと言えます。病因を変化させることを目的とした精神療法は，到底短時間では行えません。

けれども視点を変えて，回復過程に根拠をおいてみると，限られた時間の中でも様々なアプローチを考えていくことができるのではないかという問題意識を持っています。

今日は様々な専門領域をお持ちで，かつ日々精神科臨床に力を注いでおられる先生方にお集まりいただきました。日常診療の中での精神療法について，忌憚ない意見を交換したいと考えています。

まず，それぞれの先生方に，簡単にご自身の自己紹介を交えながら，日々の診療のあり方と，その中で精神療法的な対応として意識していることがありましたらお話しいただければと思います。

予診，初診，初期治療の流れを意識し診療を行う

西岡　私は笠原嘉先生の元で長い間お世話になり，非常に影響を受けてきました。名古屋大学に移ってからは，グループは違いますが，精神療法家の成田善弘先生の影響も受けています。笠原の小精神療法や『精神科における予診，初診，初期治療』（星和書店）などの本は皆さんご存知だと思いますが，それらは私の診療でも基本になっています。

私の大学病院では，初診の枠と再診の枠は違います。初診の日は４人までの枠で，予診を取り初診をします。予診は学生や研修医が取りますので，私の初診の時間は30分～１時間くらいです。まさに『予診，初診，初期治療』の通りです。随分昔に読んだ本なので手本通りに行っているかどうかはわかりませんが，コンセプトに沿っていることは確かです。初診にはしっかり時間をかけます。笠原先生が書いておられるように，「初診にかけた時間は報われる」ということで，それは大事なことだと思います。

ただし，再診ということでは，この場で精神療法を語るには恥ずかしいのですが，予約は５分の枠で行っています。もちろん，５分で終わる

松本晃明

1990年，浜松医科大学卒。研修後，静岡済生会病院（科長），静岡県精神保健福祉センター（所長），厚生労働省で勤務後，2013年から静岡がんセンター腫瘍精神科部長。2016年4月から現職。

ことはあまりありません。大学病院に来られる患者さんは種々雑多で，うつ病，統合失調症，神経症レベルの方もたくさんいらっしゃいます。

再診は5～10分，長くなれば20分。次の予約の方もあり，待たせているわけですから，外来の再診のレベルで1時間はかけられません。午前午後で1日30～40人くらいです。成田先生は10分枠，20分枠，40分枠というように時間を決めて構造的に行っていますが，私は構造化していません。再診では，長く取る方でも，10分の予約時間が20分になるくらいのレベルです。大学病院とは別に，企業の診療も行っています。それは融通が利き，30分枠でできるようになっています。ただし，人数が多くなると15分になることもあります。

その中で意識しているのは，来ていただいてお話を伺いますので，来てよかったと思って帰っていただけるようにしたいということです。初診に関しては見立てがありますので，どういう患者さんで，どう診断し，どう治療をしていくかということが重要になります。再診では，大きな変化がなければ短くできますし，以降は流れでやっていけます。まさに，予診，初診，初期治療の流れです。特に，うつ病の方では，小精神療法的にやっていることが多いと思います。

その時々の“点”ではなく，診療に“連続性”を持たせる

松本　私は精神科医の中では異端で，初期研修の数年間を経た後，総合病院で10年弱，行政で約10年勤め，今はまた総合病院に戻っています。精神療法との関わりでは，研修初期に児童精神科グループに入り，同時期に森田療法にも関わりました。その後，2，3年目からは精神分析的精神療法の先生のスーパービジョンを継続して受けるようになりました。

５年目から２ヵ所の総合病院精神科に計９年間勤務し，毎日のように外来の診療にあたりました。そこは初診予約制ではなかったので，毎日大勢の患者さんが来ていました。それとは別に，精神療法的対応が中心となる患者さんについて，40～50分の面接枠をわずかですが別に設定しており，そこでの事例についてはスーパービジョンを受けていました。そのエッセンスを日々の10分や15分の外来に生かせないかということをずっと考えてきました。

私が日常の診療で必ず行っていたのが，診察開始前に，初診のカルテをさっと数秒で目を通し，それから前回のカルテを同じく数秒で目を通すということです。両方合わせて10数秒ですが，そうすることで，患者さんのこれまでのイメージを頭の中にざっと思い浮かべ，前回の診療の終了時点につながる感覚をもって患者さんに会います。診療に関して，そのときそのときの“点”ではなく“連続性”を持たせる。それは50分の面接でも，10分の面接でも同じです。連続性を持って患者さんと接する。そのことで患者さんは「この先生はこれまでの自分のことをよくわかってくれている」と認識し，診察を受けることになります。わかってくれていると思うと安心感が生まれ，比較的短い時間でもスムーズに診察が進み，その日のポイントもつかみやすくなります。逆に「この先生は前回の大切な話をわかってくれていない」などと共感不全を来してしまうと，訴えが多くなりがちで，10分の診察時間では済まなく

なります。そういった経験を繰り返す中で，診察前に患者さんの今までの流れを頭に思い浮かべて，それから患者さんと会うことを心がけるようになりました。

中村　松本先生のところは電子カルテですか。

松本　総合病院精神科でこのような実践を始めたのは20年近く前になりますので，当時は紙カルテでした。現在勤務している病院では，電子カルテに初回面接のサマリーが貼ってあります。その初回のところに目を通し，さらに前回何を話したかに目を通し，患者さんのイメージを膨らませて，それから「どうぞ，お入りください」という形にしています。10分間ほどの短い時間であっても，「診察時には，あなたのこれまでの流れに思いを馳せながら，私は一生懸命考えていますよ」という治療者の姿勢が伝わっていくかどうかがポイントです。

西岡　私も同じようなことを行っています。

渡邊　内科や外科の先生というのは，外来を流すと言われます。手抜きをしているように思われますが，ある尊敬している内科の先生から前日に完全に予習しているという話を聞き驚きました。翌日のすべてのカルテをパッと見て，この人はこの検査をやるから，ここを聞こう，こう説明しようと，ちゃんとチェックする。ですから，1分外来のようなことができるようです。時間ではなく，いかにポイントを押さえて，観察どころを自分の中で作り上げ，患者さんに安心感を与えられるか。もしかしたら精神科医よりも熟練した身体科の先生のほうが上なのかもしれません。このような話は実は他の複数の先生からお聞きしました。

　ですから，今後さらに外来が忙しくなってきたら，そのように前日予習するというのも一つの方法かもしれません。

松本　初回のカルテを見て，初回にどれだけの症状があったのか，それが，前回はどれくらいのレベルにまで回復していたのかを確認し，それをもって今日の診察を行う。それは内科の先生の予習の話にもつながってくるところだと思います。内科的には，症状の変化を追いながら薬物

渡邊衡一郎

1988年，慶應義塾大学卒業。同年精神神経科学教室に入局。関連病院を経て，2006年，慶應義塾大学専任講師。2012年，杏林大学准教授を経て，2014年より精神神経科学教室教授。

の効果判定を行っていくことがポイントの一つと思われますが，それにプラスアルファ，精神療法ということであれば，初回にどういう姿で現れて，どんなイメージの方であったか。それがどう変わって，今日はどういう姿なのか。そういった患者像のイメージの変遷も，常に意識することが必要になるのでしょう。

Shared Decision Making で患者さんにも考えてもらう

渡邊　私は医師になって28年目になります。大学で1年研修をした後に，総合病院に2年おりました。最初の独り立ちの診療が混んだ総合病院の外来でしたので，いきなり1日40～50人をこなさなければならず，短時間でいかに効率よく外来をやるかということを否応なく教えられました。その後，精神科病院に6年常勤し，大学に戻りました。

今の大学は4年前に移りましたが，外来は週2日です。医局員が決して多くはないので，初診と再診を同じ日に診ています。再診を行い，一通り診た後に初診を診るという形になっています。その日の医師によって初診を分けます。しかも全国の大学病院には珍しく，初診が予約制になっていません。ですから，「昨日，失恋しました」という患者さんまでも来る症例の宝庫となっています。

予約制ではないかわりに，初診は最後に診るということで，再診を中心に行っています。それでも，初診の人をお待たせしてはいけないということで，再診は30分で4人入る枠を作っています。再診が終わってから，初診は1人30分くらいです。

私は精神療法のトレーニングをまったく受けていません。薬物療法にずっと興味を持ち研究もしてきましたが，臨床精神薬理の研究者の中では異端児だと思います。研究者の多くは，効果や副作用，血中濃度の研究をします。しかし，私はもともとアドヒアランスに興味を持っていましたので，何で飲んでくれないのか，何で飲んでくれるのかということを考えていました。どうしたらよいかと工夫を重ねるなかで，笠原先生の本を読んで“これはよい”と思い，自分なりの精神療法もどきをやるようになりました。

やはり，私も初診がポイントだと思っています。初診で，「この人なら今後いろいろ話してもいいな」「この人なら短時間診察でもまあいいか」と思ってもらえるようなポジティブなインスピレーションをいかに持ってもらうかを若い頃から考えていました。私は早口で，そのうえまとまらないこともあるので，昔は紙にメモを書いていました。患者さんに話しながらポイントを書いて，それを持って帰ってもらう。また，製薬会社が疾患啓発や治療に関していろいろなパンフレットを作っていますので，それも差し上げる。おみやげをたくさんもらったような感じで，ポジティブな印象を持ってもらえればと考えていました。

その後，6，7年前に，Shared Decision Making（以下，SDM）がアドヒアランス改善のためによいという論文を見つけました。日本人には無理だろうと思っていたのですが，あるときひらめいたのです。双極性障害II型の患者さんは，本人に軽躁の自覚がないことが多く，「それは軽躁なんだよ」とか，「それは双極性障害II型で，抗うつ薬はよくなくて，むしろlithiumがいいんだよ」と話していくと，表情がだんだんと曇っていくのです。それを見ているこちらも，困ったなと思っていました。そこで，そんなに具合が悪くない初診の人に対して，いきなり薬を出さず，頓服や私の手書きのメモ，パンフレットを渡し，場合によってはネットにある情報を見てもらい，できるだけ患者さんに考えてもらうようにしたのです。そして，数日後に来てもらい，ディスカッションをして決める。1 から 10 まで説明しなくても，誰かに相談したり，考える時間を与えたりするほうがむしろよいのではないか。いざそのようにしてやってみたところ好評で，初診で表情が曇っていったり，明らかに不満そうな顔をしたりする人が減りました。

次の外来では，患者さんはそれまでに大抵家族や友人に相談し，自分でも勉強をしているので，非常に晴れやかな表情で，「私，やはり○○病だと思います」とか「私はこういう治療がいいです」と言ってきます。このやり方ですと，初診の時間は通常に比べそんなにかかりませんし，かつ 2 回目の外来に至っては「じゃ，そうしましょう」という感じで，あっという間に終わってしまいます。「何か質問はありますか？」と聞いても 1 つ 2 つで終わってしまうのです。

初診はやはり命だと思います。松本先生の言葉をお借りすると“連続性”を持たせ，初診や家で勉強する時間と，2 回目をうまく連続させる。そのことで，効率よく，患者さんも治療に関して自分なりに調べるため納得でき，ポジティブな印象を持っていただけるのです。

中村　なまじの精神病理学者や精神療法家よりも，薬物療法を専門にする優秀な先生のほうが，患者さんとの関係がよいということも往々にしてあります。今のお話を伺って，患者さん自身に考えてもらうということは，患者さんに主体的に治療に参画してもらうパートナーシップでもあると思いました。

西岡　患者さんに考えてもらうと，薬を使わなくてもよい患者さんが出てくるのではないですか。

渡邊　そうなんです。精神療法や認知行動療法でと言ってくる患者さんがいます。「私も慣れないのですが一緒にやりましょうか」というと，それで満足してもらえる。トレーニングは受けておらず，本を読んで「あなたの点数はこうですね」と見様見真似でやっているのですが，それはそれでよいようです。やはり，この人なら一緒にやってもよいと思ってもらえる印象というのがいかに大切な要素かと感じています。

初診では主訴の同定がスタート地点になる

中村　私は森田療法を中心にした診療をしてきました。日常診療では平均すると1人10分くらいの時間枠で行っています。最近は管理業務が多くなり，別枠での時間がなかなか取れないのですが，別枠では30分，長い人では1時間枠で行っています。

10分程度の日常診療では，ワンポイントアドバイス的に森田療法的な助言を行うことが多くあります。特に，うつ病については，森田療法的な養生法というものをまとめました。回復過程のどのあたりに今いるか，患者さんと一緒に検討しながら，その時期にふさわしい養生の仕方を助言し，話し合っていきます。

ところで，今皆さんのお話を伺って，いくつかのキーワードが出てきたように思います。1つは，どのように初診を行うか。そして，その後の連続性をどう維持していくか。2つめは，笠原先生の有名な小精神療法です。笠原先生は回復期をはじめ，いくつかの小精神療法を示されています。笠原先生の小精神療法を改めて考え，そこから学び，さらに広げていくことは考えられないかということです。3つめは，薬を巡る対話です。このことはSDM，あるいはアドヒアランス，パートナーシップに関係してきます。このあたりのお話をもう少し伺ってみたいと思います。

まず，初診についてです。通常の精神科の初診で押さえるべきことには，ある程度コンセンサスがあると思いますが，その次の診療にいかにつなげていくか。そのためにどのあたりを意識し，問診を行っているのでしょうか。

中村　敬

1982年，東京慈恵会医科大学卒業。直ちに精神医学講座に入局し，主として森田療法に携わる。現在，東京慈恵会医科大学第三病院長，同大学森田療法センター長，精神医学講座教授。

松本　まずは，主訴の同定です。初診の段階でどんなことを悩んでいるのかを明らかにする。そこがスタートになります。不安になったり，気分が落ち込むに至った経過や周りの人間関係などを押さえながら，主訴を明確にする。そして，主訴の内容とともに，初回診察時の患者さんのイメージもしっかりと認識しながら，2回目以降につなげていきます。

主訴の症状がどう変わっていくのか，対人関係がどう変わっていくのか，そういったところを限られた時間の中で押さえ，カルテに書いておく。そして，それを毎回の診察で見直していきます。

中村　松本先生は精神分析のスーパービジョンを受けてこられたということですから，主訴の背後にある対人関係のありようなどは，初診のときからイメージされるのでしょうか。

松本　私は精神分析的な精神療法を学びながら，下坂幸三先生の研究会にも出席させていただき，家族療法的な勉強もしてきました。その影響もあり，家族全体の関係性の中で，現在の症状が出現している意味合いをイメージするように心がけています。具体的には，患者さんの症状はまわりにどのような影響を与えているのか，逆に，家族の振る舞いが患者さんにどのような影響を与えているのかを常に意識し，症状の意味を理解するようにしています。

それから，どのような悩みに対して，どのように解決していきたいのかという，初回時における治療の方向性の確認。精神療法的に言えば，治療契約ということになりますが，そこは患者さんと治療者との約束ですので，その約束は毎回の診察の中でしっかり意識するようにしています。

治療の経過中，その時々の状況により，どうしても患者さんの症状に揺れが生じます。調子が変動し，その場その場でいろいろな不安を訴えます。そんな場合にも，やはり初回の約束はとても大事です。「あなたは初回はこういう状況で，こういった方向でやっていきましょうというところからスタートしましたが，現在はこうなっていますね」と振り返りながら，訴えの多さに振り回された行き当たりばったりの治療にならないよう，初回以降の治療経過を整理しながら，診察にあたるようにしています。

自分としての仮説のストーリーを組み立て，患者さんに伝える

西岡　大学ですので教育的な面もあり，本来なら初診を行い，自分が外来治療をしていくことが前提であるべきなのですが，若い先生に回すことがあります。また，入院になることも多く，自分で最後まで担当することが少ないのが現状です。企業では30分の枠で，そのまま自分でフォローしていきます。そうなると，自分としての仮説のストーリーを組み立て，流れの中でどう治療をしていくか。サマリーを含め，展望していくことになります。その際に定型に入らない場合は，何があるのかを考えていかなくてはなりません。企業では似たような人が多くきますが，大学の場合は最近発達障害的な方も多いので，成育歴なども押さえていかなくてはなりません。

中村　先生が理解した初診の時点でのストーリーは，患者さんにどう伝えていくのですか。

西岡　ある程度，患者さんには公平に伝えています。若手や学生に説明するのと同じように，裏表なく見立てを伝え，この薬を使ってこういう副

作用があるということ。入院するのであれば，今こう考えているが，診断を明確にするために入院したほうがよいということを説明します。

中村　渡邊先生は，SDMは初診の時点で行うのですか。

渡邊　行うこともありますが，もちろん全例ではありません。患者さんに疾患をしっかり理解してもらったほうがよいときや，あるいは治療について少し迷っているようなときはSDMを使います。シンプルでストーリーが見えるようなときは，こういうのはどうでしょうかと，こちらからお話をします。

実は私も，医師になって4，5年目から，初診は自分で必ず全例サマリーを作るようにしました。ですから，2回目はそれに基づいてチェックポイントを聞いていきます。また，前の勤務先は必ず誰か別の者，研修医や学生の見学がいましたので，わかりやすい診察を心がけ，聞き方から意識していました。そうした経験をしていく過程で，誰が見てもわかってもらえるような外来やサマライズをするようになりました。

松本　初診時に家族関係や生育歴を含めて問診し，ストーリーを組み立て，それに応じた今後の方針を患者さんに伝えていくことが理想ですが，それを確実にするには1時間近くかかってしまうでしょう。初診予約制ではなく，次の患者さんも待っている一般外来での初回診察では，1回目にそこまでするのは難しい。

そこで，ある程度，患者さんのことがわかってきたところで，患者さんと波長を合わせるように意識しています。波長が合ってきたところで，「あなたはこういうところで悩んでいるので，そこを4，5回かけて掘り下げていきましょう」などと，これから時間をかけながら一緒に取り組んでいく方向性を示します。そうすれば，1回ごとの診察時間は比較的短くても対応可能です。

西岡　昔，笠原先生が大学病院で診察していた頃は，初診と再診は同じ枠でした。最初から全部は聞けません。背景や家族のことなどは後からだんだんと聞いていくことになります。それでも，ある程度自分の中でこんな人だというイメージがつかめないと，後が困ります。基本的にはそれができないといけません。

自己努力を汲んで修正していけばそれが回復の原動力になる

中村　先生方は，単に症状を列挙し，診断基準を参照して治療を決めているのではなく，患者さんを理解する基本的なストーリーや仮説をちゃんと立てています。そのストーリーのどこまでをどう伝えるか。あるいはある部分で留めて，時間をおいて2回目以降にもう一度一緒に考えていくのか。そのへんの匙加減も大事になってきます。

もう一つ私が付け加えたいのは，初診の中で患者さんが自分の症状をどう捉え，どんな主体的対処をしてきたかを尋ねるということです。例えば，人前での緊張や不安をあってはならない異物として捉え，社交不安症の本などを読んで症状を取り除く薬をくださいと言ってくるような受動的な対処パターンの人がいます。他方，それを自分の欠陥あるいは短所として捉えて，修養に努め，弱さを克服するために自分なりのことをしてきた。そのように能動的な対処をしてきた人もいます。病態にもよりますが，特に不安症の方などには，私は患者さん自身がこれまで取り組んできた努力を汲んで，少し方向を修正していけば，それが回復の原動力になるのであって，薬は補助手段だという説明をしています。

渡邊　英米ではうつ病は大抵専門の精神科医ではなく，GP（General Practitioner）の先生のところに行きます。そのときに，どういう治療を望んでいるかということを聞いた研究のレビューがあります。薬物療法を希望している人は2～3割しかいません。精神療法を希望している人は半分以上でした。薬物療法は依存性や副作用が怖い。対して精神療法は自分の病気の根源を治してくれるのではないかと思っているようです。

わが国の精神科医はおそらく8～9割の患者さんに対して薬物療法を

用いていると思います。よい薬だからと処方していますが，本来なら患者さんは精神療法を行ってほしいと思っているのに，我々はそれを聞かずに薬物療法を推している可能性があります。私はどちらかというと治療論の考えの人間ですので，外来に来た患者さんには労をねぎらうとともに，あなたは実際にどういう治療を希望しますかということを初診で聞きます。そのうえで，SDMのやり方で精神療法を含めた治療選択肢を提示することがよいのではないかと考えています。

松本　初診時のポイントの一つは，患者さんに対して，治療は協同作業で一緒に作り上げていくものであることを説明し，「あなたの意見を聞きながら治療方針を決めていく」ことを理解してもらうことにもあるのだと思います。

渡邊　自分なりに初診でストーリーは組み立てていますが，それを押し付けるのはよくないと思っています。「私はあなたと会って30分しか経っていないので，あなたの人生を正直すべては理解しきれません。私はこう思うのですが，あなたの意見を聞かせてください」というと，すんなり入るのです。

西岡　おっしゃるように，患者さんがあまり薬を求めていないのは確かです。保険制度の中で診療しているので，どうしても薬物療法が中心になっているところはありますが，そこをどうしていくかは重要です。

松本　今の精神医療では，とても多くの患者さんが外来に訪れ，十分な診察時間が取れない中で薬物療法が中心となり，「薬を出す人，出される人」という医師患者関係になりがちです。もし「協同作業で一緒に考えていきましょう」と言える関係ができれば，それはすでに精神療法的な関わりが始まっているのだと思います。

病気を強調し服薬につなげる小精神療法の意義は大きい

中村　もう一つ私が感じているのは，文化的な背景です。例えば，英米でいうオートノミーと，日本人が自然に到達できるようなオートノミーというのは，少し違うと思います。笠原先生のうつ病の小精神療法では，初期治療の段階ではあまりオートノミーは強調されていません。むしろ，病者の役割を保証することに力点が置かれています。

次のテーマとして，笠原先生の小精神療法の意義を考えてみたいと思います。笠原先生の後継者として西岡先生はどうお考えになりますか。

西岡　小精神療法が発表されてから，随分時間が経っています。当時の時代背景として，真面目な勤労者が過労的な感じで，ある状況でうつ的になる人がよくいました。ですから，まさに笠原先生の小精神療法はピッタリというところがありました。しかし，最近ではそればかりではありません。よく言われるのは“休養”です。薬を飲んで休みなさいということでしたが，休養第一でよいのかという疑問が出てきています。

文化ということを言われましたが，小精神療法の休養と服薬という言葉が馴染んだこともあり，これだけ人口に膾炙《かいしゃ》して受け入れられたのだと思います。そこをどうしていくか。今後のうつ病小精神療法に関しての課題ではないかという気がしています。

中村　私は，休息の意義はぜひ守っていただきたいところだと思っています。確かに，現代的なうつ病の病態を考えたときに，笠原先生の小精神療法だけでは難しいところもあります。しかし，小精神療法が提唱された当時は，自分の今の状態を治癒する病気と受け止めずに，もっと否定的に受け止める人が多かったと思います。そのときに病気であることを明言して，病者の役割に一旦おいて，休養生活に入らせる。かつ，病気であることを強調するというメディカルモデルに乗せて，服薬の必要性につなげる。その意義は大きかったと思います。

西岡　当時としてはすごく新しい発想です。インフォームド・コンセントであり，服薬の要も説く。ですから，よくできたものだったと思います。「治療が終了するまで重大な決定は延期する」など7ヵ条にまとめています。まだまだそれでいけると思います。

中村　うつ病の人が抱いているネガティブなセルフイメージに対して，「うつ病は病気であり，単なる怠けではないことを認識してもらう」とか「経過には一進一退があることを理解してもらう」など，患者さんのそれまでの認識とは違った回復の参照枠を示すということでは，大きな意味合いがあったと思います。

当時はオートノミーということはあまり患者さんには言いませんでした。私は患者さんの主体的な取り組みを重視すると言いましたが，それは不安症を念頭においてのことです。うつ病の場合には主体的といっても，自力で何かをするというよりも，回復に身を任せるというような日本的なものです。ですから，“レジリアンス”の考えにも通ずる気がします。

渡邊　私は笠原先生のお考えは非常に好きです。誠に僭越ではありますが，笠原先生は精神療法という括りの中に心理教育の要素がかなりあると思っています。安心させるというアプローチです。今SDMの効果を，SDM群と通常対応で比較検討しています。SDMは数日から１週間考えてもらいますので，その間薬は使いません。うつの評価尺度を用いると，心理教育などを含めたSDM群で簡易抑うつ症状尺度（QIDS）では翌週で大抵数点よくなっています。パンフレットなどを見て，自分は病気であり，このような治療をすればよくなるかもしれないということを知る。そして，ネットでいろいろな取り組みがあるのだということを知ることで点数が下がっているのだと思います。結局，やっていることは心理教育であり，安心させるということです。

そういう意味では，心理教育と安心させるというアプローチだけでも，うつはよくなると思います。うつ病学会のガイドラインでも書かせていただきましたが，軽症のうつは支持的精神療法と心理教育が第一推奨ですが，実はこれで大抵の人がある程度よくなります。

笠原小精神療法は心理教育

中村　本格的に投薬を始める前のイニシャルトレンドに関する研究があります。初期の時点で改善傾向にある人は，その後の治療の種類に関わらず改善していきました。イニシャルトレンドが悪化の方向にある人はどんな治療を行うにしても難治だったということです。

渡邊　イニシャルトレンドをよくするのは，まさにこの小精神療法的なアプローチだと思います。確かに私も休養ということは必ずは言いませんが，疾患説明などに時間をかけるという点で笠原先生のエッセンスを頂戴しています。

西岡　おっしゃるように小精神療法は心理教育です。患者さんが困っているときに，病気だと告げ，よくなっていくと伝える。そのことで安心できる。そこは大きいと思います。

松本　笠原先生の小精神療法が画期的だったのは，うつ病の心理教育として，平易な言葉を使いながら，しかもすべてが網羅されていることです。これがあれば，どの精神科医でもうつ病の対応方法は一通り説明できる。加えて，エンパワーメントし，安心をさせ，希望を持たせる。そのプラスアルファの効果が大きいので，ただの心理教育ではなく，“小”精神療法なのだと思います。

ただし，本日の議論に出ているように，笠原先生の時代と今を比べると，うつ病の多様化が進んでいますので，多様性に合わせてアレンジしなくてはいけない部分が出てきています。どうアレンジするかは難しい課題ですが，今もうつ病の心理教育のゴールデン・スタンダードという点で，笠原先生の小精神療法はとても大きな業績です。

渡邊　私はシェーマなどを使ってわかりやすくすることを心がけています。皆さんよく使われると思いますが，回復のどこにいるかという笠原的階梯の図やバスタブの図などを私もよく使います。患者さんに納得して，安心してもらうためにどうしたらよいかをとことん考えておられる。その結晶なのだと思います。

中村　かつては自分をうつ病と思わずに疲れ果てて診察室に来る人が多かった。今日ではうつ病ではないかと，自ら疑って来る人が大半です。心理教育の在り方もおのずと変わってくるところがあるかもしれません。

休息に関しては，今でも必要な場合が多いと思います。遷延したうつ病には，入院森田療法をよく適用していますが，やはり最初の７日間の臥褥の効果は大きいのです。７日間徹底した休息を取らせる。そうすると，臥褥が終わった時点で回復過程がリセットされる感じになります。普段気ままに休んでいても，臥褥のセッティングのように徹底した休息は取られていません。徹底した休息は停滞していた回復過程を勢いづける発火点になり得るのです。やはり初期の休息は大事です。

行動活性化療法は北米の文化の中で行われていることです。それをそのまま日本に持ってきて，回復の時期を考えずに実施したとしたら相当酷なことになります。これまで蓄積されてきた日本のうつ病治療の経験は押さえておくべきです。

重症度判断のうえで睡眠は非常に重要なポイントになる

中村　小精神療法を今日的なうつ病の病態の中で捉え直す。あるいはうつ病以外の小精神療法について考えていくことも，重要なテーマになると思います。先生方がおっしゃるように，確かに笠原先生の７ヵ条は，心理教育です。何を伝えるかということに重点が置かれています。

では，何を尋ねるか。限られた時間の中で，どこにポイントを置いた聞き方をするのかということも問題になってきます。患者さんによってまちまちでしょうが，特に限られた時間の中で先生方がよく聞かれているポイントがあれば教えていただければと思います。

西岡　月並みですが，睡眠，食欲は必ず毎回聞きます。

松本　うつ病であれ，統合失調症であれ，神経症圏であれ，重症度を診るうえで，睡眠はとても役に立ちます。毎日眠れない状況が続いていれば，これは放ってはおけないということになります。逆に，強く不安を訴えても，そこそこ眠れているのなら，何とかやっていけるかもしれません。重症度判断のうえで睡眠は非常に重要なポイントです。

渡邊　うちは3年前から電子カルテになりました。打ち込むのは面倒臭いのですが，電子カルテのよいところは，前回の記事が並んでいるのを見ながら，新たに聞けることです。「前回あなたはこう言っていたけど，今回はどうなの？」と聞くことができます。まさに連続性で，前回のキーになったポイントを聞くようにしています。

また，初診時の主訴で，苦しかったことがよくなっているのに，よくなったことを認識していない方がいます。「あの症状はどうなりましたか？」と聞いて「そう言えば，最近ないです」と言われれば「症状よくなったんですね」ということにもなります。

松本　難治化するときのパターンのひとつとして，初めの主訴から主訴が変化していって，それに振り回されて薬を出しているうちに，何が何だかわからなくなることがあります。初めの主訴の症状はよくなったけど，途中から別の問題が出てきていることが整理されていないと，治療方針が混乱してしまいます。

中村　バラバラの点ではなく，ひとつの線，流れを常に意識しながらポイントを押さえていくということが大事ですね。

私が意識しているのは，限られた時間なので，否定的な体験を掘り下げていくよりは，多少なりともポジティブな変化の萌芽がないかを探ることです。多少でもポジティブな行動の変化があったときには，そこに焦点を合わせて，なぜ今回踏み出せたのか，踏み出した後，どんな気持ちになったのか。そういったことをクローズアップするように心がけています。

西岡　うつ病の患者さんは，快体験として，何で喜べるようになったかが大事です。新聞を読めるようになったということでもよいのです。そういうことができるようになると，随分よくなったと思えます。

中村　症状のチェックだけでなく，前回以降の生活の様子を聞くことは必須ですね。一方で，限られた診療の中で，ほとんどの患者さんには薬物療法を行いながら，精神療法的な対応を併用しています。そのときの薬を巡る対話を，どのように精神療法的に活用するか。それはアドヒアランスの問題にも深く関わってくると思います。

飲み心地というシンプルな質問で信頼関係やアドヒアランスもつかめる

渡邊　そもそもコンプライアンスと言われていたものが，アドヒアランスになり，最近ではコンコーダンスという概念も出てきています。コンコーダンスには，一致，和合という意味があります。私はSDMは実はコンコーダンスではないかと思っています。患者さんとの協同作業なのではないかと。

アドヒアランスは結局医師が言ったことに対して，当事者が主体的にどうしたいかを表しています。これはインフォームド・コンセントに近いと言われています。「はい，わかりました。いろいろ調べてみましたが，私はこれを選びます」ということで，医師の言うことに患者さんはある程度従っていきます。

それに対して，SDMはある意味交渉であり，ともに決めていくというスタンスです。アドヒアランスを高めるのにSDMはよいとされていますが，ニアリーイコールに過ぎません。アドヒアランスはアメリカで盛んでしたが，コンコーダンスはイギリスでコ・メディカルの人が行うアプローチとして注目されています。ですから，ともに当事者の目線で，患者さんはこの薬を嫌がるかどうかといったことを考えていく。あるいは飲み始めていったら，飲み心地を聞く。そういったことを尋ねていくということでは，ある種のユニークな精神療法なのではないかという気がします。

“飲み心地”というのは，中井久夫先生がよく使われます。海外の人にはそんなことにこだわるのかと笑われます。英語でこれに当たる言葉もない。Touch という言葉が一番近いらしいですが，論文もまったく出てきません。実は広辞苑にも，飲み心地は載っていません。グーグルで検索すると，ビールなどが出てきます。欧米との感覚の違いということでは，患者さんの印象について，我々はもっと注意を向けていかなくてはいけないのではないかと思っています。

欧米では，うつ病にしても統合失調症にしても認知機能が低下しているのだから，患者さんの言っていることは当てにならないと言われます。QOL のスケールも客観的なものと主観的なものがありますが，日本人は当然，主観的なもので測るべきだと思っています。しかし，欧米では客観的なほうが，信頼度が高いのです。欧米では我々評価者が行うもので，患者さんを信用できないという性悪説に基づいているようです。

松本　薬の効果や副作用を聞くだけではなく，飲み心地を尋ねることで，あなたの身体感覚を大事にしていますというメッセージが伝わります。それが精神療法的に大きいのです。

渡邊　そして，あなたの印象を私は今後の治療に生かしたいのだということも精神療法的なものかもしれません。薬を通じて，ある種の信頼関係が醸成されるという気がします。

飲み心地を聞いていくと，例えば「どう，今飲んでいる薬？」と言うと，副作用の話をする人もいますし，錠剤が大きいから嫌だという人もいます。「何で，私は病気でもないのに飲まないといけないのだ」「先生，嫌いだから」と言う人もいます。病識や関係性も実は飲み心地に関係してくるのです。飲み心地という数秒でできるシンプルな質問ですが，その人との信頼関係やアドヒアランスへの影響のヒントがつかめます。ですから，私は毎回聞くようにしています。

薬を出すときには残薬を確認し不足分だけ出す

松本　私は薬の専門家ではないのですが，診療時に必ずしているのは，薬を処方するときに「お薬はどれだけ残っていますか？」と残薬を確認することです。そして，不足分だけを出します。

次回の外来日までに必要な量しか処方しない。それを3，4回続けていくと，最初は定期処方の半分ほどしか内服できていなかった人でも，段階的にアドヒアランスが向上し，しっかり薬を飲むようになり，それが回復にもつながります。そこでのポイントは，薬を定まった通りに飲んでいないことがわかった時，絶対に叱らないことです。叱ったら，コンプライアンスになってしまいます。「そうですか。それでは不足分だけ出しておきましょうね」と進めていくことで，アドヒアランスが上がっていきます。

薬を飲んでいるかいないかは，治療者への信頼度のバロメーターでもあります。笠原の小精神療法でしっかり説明したつもりなのに，処方した薬の半分しか飲んでいないということであれば，まだまだ説明が足りなかった，理解されていなかったという治療者へのメッセージになるのです。

それから，不足分の薬だけ処方することにより，睡眠薬等を溜め込むことがなくなりますので，この方法の副次的な作用として，大量服薬してしまうこともなくなります。

渡邊　薬物療法に興味のある者として私の場合なら「今の薬の何が問題ですかね？」と一言付け加えると思います。その薬の何がいけないのかを聞きます。

中村　医師の姿勢としては，薬に対する不安，疑問はちゃんと診察の中で取り上げていくことを保証するということです。薬について疑問も口にできない雰囲気であれば，こっそり捨ててしまうことになりかねません。

渡邊　我々が行った大規模なWeb調査で，うつ病の人が何で薬をやめたかを調べた結果があります。1番は「よくなったから」でしたが，2番目は「依存性が心配だから。副作用が心配だから」でした。「副作用が出たから」よりも，心配という不安要素のほうが上だったのです。やはりそこは理解してあげることが必要だと思います。

松本　実際，残薬をチェックしていると，たくさん残っている薬について「依存性が心配でなるべく飲まないようにしています」と患者さんからおっしゃることも多いですね。

中村　不安症の場合，薬を巡る対話が精神療法的なテーマにもなり得ます。不安症の人にありがちなのは，万が一の心配のために，手を引いてしまうというパターンです。薬に対する不安と日常の行動パターンは共通しているものがあります。石橋を叩いても渡らない。そこで，石橋を叩いた後に渡るということは，回避していた状況に踏み込むということでもあるし，おっかなびっくり薬を飲むという意味合いもあります。そういう面では一種の直面化を図ることになります。薬を巡る対話は，そういうやりとりにもつながります。

松本　薬に関連した話とは異なりますが，診察を効率的，効果的に行うための別の工夫のひとつとして，患者さんが家族同伴で来られているときには，原則，初診でも再診でも一緒に診察室に入っていただくようにしています。患者さんと家族，別々にじっくりと時間を取るのは困難という事情もありますが，診察室で患者さんと家族でやり取りしてもらう場面があると，家庭内の状況の再現となり，家族関係も一目瞭然です。短時間でかなりの情報が得られるとともに，治療方針を確認する際には，患者さんと家族で方針を共有できるメリットもあります。

患者・家族別々の診察にするか，同席での診察にするかは，いろいろとご意見のあるところだと思いますが，限られた時間での効率性の面では，同席の診察をうまく取り入れていくことが有用と感じています。

ただし，同席で診察を開始する際には，本人の同意を得ること，さらに，同席場面では，本人の話を中心に聞くような配慮が必要でしょう。

レイティングスケールも精神療法的なアプローチに使える

渡邊　効率よく短時間の外来をするために，Measurement based medicine を用いてもよいかもしれません。うつ病なら評価スケールをつけると，変化がわかります。うつ病で患者さんは変わりませんと言っていても，最初の QIDS や HAM-D（ハミルトンうつ病評価尺度）が 23 点だったのが，18 点になっていた。前回と比較して「食欲が上がってきたじゃないですか」といったように，本人が自覚しないところでよくなったというフィードバックがかけられます。特に自記式の QIDS は診察を待っている間にできますので，診察前の待ち時間も有効に使えます。評価スケールに慣れてくると，患者さんが自分の状態を知りたいのでつけたいと言ってきます。変化がわかり，何がよくなったのか，あるいは何が問題なのか。寛解まであと何が足りないのかということが患者さんもわかる。そこで，どう工夫すればよいかを考えてもらいます。

私の師匠である八木剛平先生は，毎回いろいろな症状に赤丸や青丸をつけ，患者さんに見せていました。「大分丸が減ったね」というように，レーティングを活用していました。批判があることも承知していますが，そのように評価スケールも精神療法的なアプローチに使える要素ではないかと思います。

松本　それは別の面で見ると，先ほどの連続性につながります。同じ尺度で連続性かつ客観性を持ちながらみていくということです。

中村　患者さんにも連続性を持って振り返ってもらえます。

西岡　大学では HAM-D を使っていますが，企業では笠原先生が作られたうつ病のスケールをまだ使っています。10 項目くらいあるのですが，見やすいのです。それを初診にとって，経過のポイント・ポイントで施行して見ていく。よくなると本人も一目瞭然でわかります。復職の段階ではこんなによくなりましたねと示すことで，わかりやすいということがあります。

中村　患者さんはなかなか自分の時間的な変化に気づきにくい。特にうつ病のように悲観的な受け止め方が先行すると，ちっとも変わっていないと考えてしまいます。それに対して，異なる時間的展望を示すということではスケールは使えます。その際は点数だけでなく，視覚的に示すということが大事です。

今回の座談会を通じて，先生方のさまざまな診療の工夫をお聞きすることができました。また，日頃意識していなかった重要なポイントも教えていただきました。このような機会をさらに広げ，日常診療の経験知を今後も共有していかれればと思います。

本日はありがとうございました。

第2章

統合失調症スペクトラム障害（統合失調症）への日常診療
――10分間を有効に活かすための工夫――

渡邉博幸　千葉大学社会精神保健教育研究センター／学而会木村病院

Ⅰ．はじめに

本企画の趣旨から，外来診療で完結するケースを想定している。拙論の前提として，筆者の日々の臨床設定を正直にお伝えした上で，読者諸氏のご批判を仰ぎたいと思う。

筆者は，現在主に精神科単科病院の週3日の午前外来（1日は入院対応を含む新患担当，残り2日は主に再来患者）を行っている。厳密な予約制ではなく，その日に何人の患者を診ることになるかは事前には予測できないが，だいたい1回の再来診療での対応患者数は30名ぐらいである。つまり午前中外来のみで，1人平均にすると6分間／回となり，通院精神療法算定基準ぎりぎりの数で運用しているのが現状である。均等に1人当たりにすると10分間ですら確保できない外来であり，このテーマをお引き受けするのもおこがましく思えてくるが，どうかご容赦願いたい。

Ⅱ．初診時における精神療法以前の配慮について

まず，診察室に入る前からの配慮についてとりあげたい。これらの配慮は，評判のよいお店で，お客を迎える際の室礼に相当する。短い診療時間しか許されない場合，受診前から診療環境に仕事をしておくということである。まず，患者や家族が初診する動線を実際に歩いて，自院の受診路に心理的影響を与える要因があるか把握することをお奨めする。例えば，最寄りの駅やバス停から診療施設までの道行きの喧噪や駐車場の混み具合，玄関に物が雑然と置かれて入りにくくないか，花壇の花は手入れされているか，受付の事務スタッフの態度，言葉遣い，新患手続きはわかりやすいか，待合室の調光や空調はどうか，色あせた写真やポスターが壁に貼られていないか，待合室のイスは壊れていないか，互いの視線がぶつからないようにパーソナルスペースが保たれるような広さを確保できているか，外来患者用のトイレは清潔かなどである。

決して，豪華な調度品でデコレーションしている必要はないと思う。他患と視線を合わせなくても済むように，雰囲気の優しげなちょっとした絵や写真が掛かっていたり，季節の花が数本飾られていたり，スタッフが柔らかな振る舞いで挨拶を交わしていたりすることが，精神病圏の患者にとっては重要と感じる。

診察室内では，机の上が雑然としていたり，他の患者の診療録が無造作に置かれていないか，患者の座るイスが汚れていないか，座り心地はどうかなどを診察前に確認したい。最近は電子カルテを使っての診療も一般的であるが，PC やプリンターの不具合，紙切れなどがあると，その日の診療のペースが乱されるので事前チェックを怠らない（ただし，意外にもこの手の機械の不備には寛容な患者が多いように思う）。

Ⅲ．初診時の精神療法

初診はいつも 60 分程かかってしまう。その大部分は，情報収集や大まかな初期診断，器質因の鑑別のために用いられるため，確かに，初回の精神療法的な関わりの時間は 10 分程度かもしれない。しかし，初診時の精神療法的関わりが，その後の治療の方向性や効果を決定づけるという経験的実感があり，本人・家族との円滑な治療関係の構築には時間を掛けたいところである。

ここで，筆者が治療に関わった実症例を提示して，初診時の精神療法の工夫を述べる。なお，提示に関しては本人と家族より口頭で了解を得ているが，プライバシーの保護のため，個人情報を適宜改変していることをお断りする。

A は，17 歳（高校 2 年生）の女性である。受験勉強をかなり無理して頑張り，志望校に入学した。しかし，まわりのクラスメートが皆優秀で，次第に自分だけが仲間はずれにされていると思い込むようになった。朝登校前になると腹痛や咽頭が震えて声が出なくなるといった身体化症状が出現し，高 2 の 1 学期から不登校となった。夏休み中もふさぎ込み家の外にはほとんど出ず，日中も臥床がちで，深夜になってから起き出し，自室で何かぶつぶつ独り言を言ったり，テレビをぼーっと眺めていることがあった。2 学期になって，担任教師や養護教師の勧めで，保健室登校を始めたが，途中早退する日も多かった。10 月某日深夜，自宅から外の道路に出て，空に向かって「なぜこんなことをするの？」と大声で叫びだし，近所で騒ぎとなったことをきっかけに，両親の求めにより，当科初診となった。以下に初診時診察のやりとりを示す。

―どんなことでつらくなってしまったの？）

「高校に入ってから，何となく，皆がよそよそしくて，なじめないなあと感じていた。学校の机をいじられているような跡があったり，後をつけられているような視線を感じたりしていた。2年生になって，同級生から○○（携帯電話向けのSNSアプリ）を使って，悪口を言われたのが最初で……。」

―Aさんのことを名指しで？）

「実際に名指しではないけど，誰かのうわさ話をしているような会話でも，暗に自分に対して当てつけているんだとわかった。教室に入るときに，今までの笑い声がなくなり，皆が自分に目を背けているようにイソイソと他のことをしだす。きっと，自分がいない間に，悪口を言っているからだと……。」

―悪口を言われる理由で思い当たることはある？）

「なぜ，そんなに嫌われるかはよくわからない。1年生の時は，運動部の部活のマネージャーをしていて，男子部員と親しく話していたのを先輩マネージャーから注意されて……。それからのような気がする。」

―高校を休んでいるときはどうかな，少し楽になった？）

「変わらない，もっと悪くなっている。（今年の）8月頃から，通りの車が走るときにわざとエンジンを吹かしたり，大きな音でドアを閉めたりしてびくっとしてすごく怖くなる。嫌がらせが，学校から近所にまで拡がってきているとわかった。誰かが，インターネットなどで私の悪口を拡散しているからだと思う。」

―安心できるところは？）

「自宅にいても，誰かに監視されていると思って，落ち着かなくて，イライラして母に当たってしまう。部屋を暗くして外から見えなくしている。でも，夜になると『学校をサボっているな，死ね，さっきトイレに行っただろ』などと悪口や嫌らしい脅しが聞こえてくる。」

―その変な声やうるさい声に，どうやって耐えていたの？）

「自分でもこんなことに負けないぞと思って，いろいろやってみた。友達にメールで謝ったり，手紙を書いたり……。なかには，『心配ないよ』『学校に出てきて話しよう』と誘ってくれる子もいた。でも悪口が聞こえてくるのは変わらなかった。」
―最初のきっかけから，ずいぶん困りごとが変化している？）
「最初は誰かが嫌がらせでやったのかもしれないけど，携帯電話にウイルスソフトを入れられて，機械的，自動的に監視されて情報がばらまかれていると思う」「携帯は金槌で叩いて壊してしまったが，ドローンでも監視できる。10 月から，夜に換気扇のようなブーンという音がして，それに悪口が乗ってくることが多いので，ドローンで監視されたり，頭の中に直接送信されているとわかり，外に出て大声を出してしまった。」
―困りごとに対して，自分でできる限りのことを努力してみたのですね。）
「ハイ」（とはっきりした口調で答える）
―それでも対処しきれなくなった……。）
「本当のことです。誰も信じてくれないんです。」（表情が悔しさで歪んでいる）
―変な声やあなたを悩ませている出来事は，今までの常識で考えるととても不思議なことだが，長い間悩まされた結果，学校に行けなかったり，気持ちが落ち着かなくなったり，時には母に当たったり，大声を出したりするのはやむを得なかったでしょう？）
「そうです，そうなんです。」
―原因はいろいろこれから検討しなければいけないけれど，まず確実なのは，このまま我慢し続けても，体力をすり減らすだけで余計しんどくなるということ。こころや体を休め，環境を整えて，変な声やトラブルに動揺しない力を取り戻しましょう。話を伺って，A さんは健康な力が十分働いていることがわかったので，それを活かす解決方法を提案しますね。）

統合失調症の精神療法は，①疾病性に起因する認知機能特性や行動特性を踏まえ，また②受診に至ったいきさつという事例性の 2 点を考慮しなければならない。

急性期は，周囲からの無理解・拒絶・誹謗中傷・疎外・迫害などに対処すべく，過敏なアンテナを張り巡らし危険から身を守ろうと，過覚醒状態となっている。また，病的体験に苛まれ，圧倒され，誰も信じられなくなり，寄る辺ない絶望に陥っている。また，物事の理の自明性を失い，思考が混沌・混乱し，注意集中を欠き，散漫になりがちで，情報の処理速度や知覚統合が損なわれた状態にある[3)]。

さらに，事例性の点で考えると，精神疾患という自覚を持たぬまま，家族や知人から無理矢理，場合によっては，だまし討ちのように精神科外来に連れてこられ，初診から激しい憤りを露わにしている方もいる。

このような状況下で，できるだけ速やかに信頼関係をつくるために，以下の３点を大切に考えて精神療法を行っている。

1．安全感，安心感の確保
2．両義性を捉え，現実的な返答をこころみる
3．シンプルで肯定的なメッセージを発信する

1．安全感，安心感の確保：非侵襲的な言葉に置き換えて出来事を弱毒化する

統合失調症などの精神病性障害の急性期症状に対して，精神療法の基本は，“安全感，安心感”を取り戻してもらうことに尽きる。そして，「もしかしたら，精神科の治療を受ければ，今の困難な状態が少しでも楽になるかもしれない」というかすかな解決の糸口を感じてもらうことである。

このために留意するポイントは，環境整備や所作振る舞いだけでなく，本人が抱える寄る辺なさやつかみどころのない恐怖を，対話によって，輪郭や境界を与え，有形の物として本人から分離し，取り扱いやすくすることである。すなわち，侵襲的で生々しいことばをなるべく無害で平易なことばに置き換えて，返すことを心がけている。

これは，本人に起こった非現実的な出来事を脳内の病理現象として理知的に論破することでは勿論なく，またリフレーミングのように，出来事を別の視点から見るような多義性を持たせることでもない。強いて言えば，

“弱毒化”といえるかもしれない。例えば，Ａを苛む幻聴体験である“悪口や嫌らしい脅し”は，端的に“変な声”とか，“うるさい声”など具体的な生々しさを惹起しにくいことばに意図的に置き換えて返すようにしている。原田が提唱したように“正体不明の声”[4]も患者にとっては，受け入れやすい言い換えであり，この言葉を使うと首肯してくれる患者は多い。しかし，「正体不明な誰かに付け狙われている，世界中から監視されている」と，妄想対象が境界不鮮明に拡散してしまっていたＡの場合には，あえて“正体不明”を使うことを避けた。

妄想については，“例のトラブル”とか，単に“困りごと”と言い換えている。発達障害がベースにない場合は，スムーズに話が進むことが多い。

2. 両義性を捉え，現実的な返答をこころみる

統合失調症者の愁訴が，「頭が痛い，喉がひくひくする，声が出ない」など，身体的な訴えに終始することもよく経験する。これらの言葉には両義性がある。頭が痛いということは，「ほとほと困っている」という文字通りの慣用表現かもしれないし，「実際に頭の中に知らぬうちに何か埋め込まれ，それが悪さしている」と実感しているためかもしれない。声が出ないというのは，能動性が喪失し，「自分の声で話しているのではない」と感じているのかもしれないし，あるいは思考途絶や自生思考などによって考えがまとまらなくなっていることを示しているかもしれない。

しかし，このような解釈を治療関係の取れていない急性期の時期にぶつけても，直ちに否定され，関係性を開く門を固く閉じられてしまう。身体的訴えに終始する場合は，「それは体調不良の現れでもあり，こころの不調の現れかもしれませんね。心身は複雑に影響し合って症状を出していますから，精神科では両方の面からケアしていきましょう」と伝えている。

妄想性障害によくみられるように，頑なに「他者からの嫌がらせ」，「厳しい生活環境による一過性の心理的反応」を強調する場合は，「そのようなことが急に身に起こったり，長く続いたりすれば，どんなに心の芯の強

い人でも参ってしまうであろう」と，それらの関連づけのプロセスの妥当性を認めたうえで，「今となっては，原因（誰に，どちらに非があるか，正しい解釈なのか，大変な誤解なのか？）についてはわからないし，それを判定する能力はない（司法官の役割のお手伝いではない）として，判断を保留する。しかし，「どのような原因によるにせよ，そのようなことに悩まされながら，何とか持ちこたえてきたあなたの努力は並大抵ではなかったと思う」と伝えている。

3. シンプルで肯定的なメッセージを発信する

混乱し，注意集中力を欠いている急性期患者に対して，事細かな治療必要性の説明は受け入れられないことが多い。シンプルに，「安全を守りたい」「混乱を整えます」「不安を解消します」「困難を肩代わりします」と述べる。その際，症例で示したように，「“健康な力”“復元力”を活かして」と述べ，矯正や人格改造ではないことを明確に示すようにこころがけている。

Ⅳ. 再診時の精神療法

ここでは，再診時に筆者がよく取り上げる２つの精神療法のテーマを紹介する。

1. 急性期症状の振り返りと再発再燃防止セルフモニタリング

初診から４～８週間を過ぎた頃の再診時に必ず行っているのは，急性期の振り返りである。振り返りでまだ言動が大きく動揺したり，話した後自律神経系の反応（吐き気がする，頭痛がする，トイレに立つなど）が出るようなら，まだ急性期を脱しきれていないと筆者は捉えている。

急性期の病的エピソードを，どのような文脈で捉えているかは，今後の再燃，再発の予兆を探るためにも，新たな人間関係や生活環境の有り様を占ううえで大切な情報を提供する。それ以上に治療的に重要なことは，今回の病的エピソードを，唐突で予測できない，制御できない恐ろしい出来事として留置させない工夫をすることである。

本人がある程度合点のいくよう発病の成り立ちや経過を整理して，混沌として得体の知れない病気を把握可能，対処可能な観察対象とすることをねらう。何も，難しい生物学的な仮説を述べることではない。例えば，初発症状は何だったのか，それは，どのような生活や出来事の中で出てきたのか，どのような経過で症状が変化していったのか，それにあらがうためにどんな対処をしてきて，うまくいったのか，逆効果になっていたのかなどを振り返ってみる。本人が安心して話せる家族を交えて，家でホームワークとしてやってもらうことが多い。

対人関係のトラブルが先行した場合は，“○○さんがあのときこういう言い方をしたのが始まりだった”などと特定の個人との体験が想起されることも多いが，診療の場で，「これは過去のことをほじくり返すことではなく，今から未来に向けて，同じような落とし穴にはまらないようにすることだから，ここは『仕事の直属の上司から注意されたとき』と置き換えよう」となるべく普遍的な言い換えを提案している。

発症エピソードについての一連の出来事や体調変化を市販の単語カードに1つずつ書いて，症状発展の時系列ごとに並べ直すと，自身にとっての症状惹起環境や自己の再発準備状態が見えやすくなり，再発を早期に把握し防止するための“早期警告サイン：Early Warning Sign”[2]ができあがる。このような方法を“Card Sort Exercise”[1]といい，統合失調症や双極性障害などの症状セルフモニタリング法として確立している。

2. 回復具合と生活の希望や目標とのすり合わせ

前述の振り返りをしていくと，患者は取り返しのつかないしくじりをしてしまったと否定的に捉えて，「もう二度と普通の暮らしはできない，思い描いていたような希望は手にすることはできない」と将来への悲観的な見通しに絶望してしまうこともある。また逆に，「警察に厄介になってしまったので，会社には入れないから，発明で特許を取って大金持ちになります」「両親に迷惑がかからないように離れた場所に移って，住み込みで働きます」などといった非現実的な一発逆転計画を述べることもある。

このような実際の回復程度と，将来の暮らしの見通しをすり合わせることも大切である。その整え方の骨子は，

1）発病の前後で，生活の力点の置き方を更新せざるを得ないとしても，それはあなたの人生の価値を傷つけるものではないことを伝える。

2）しばらく（数ヵ月，具体的に３～６ヵ月と提示することが多い）は心身のエネルギーの使い方はエコ運転にしてもらう。本人の回復度合いや健康な復元力に焦点を当て，本人や家族，複数の関係スタッフからの情報をもとに，今できることを見積もり，その力の70％ぐらいの予定や動作にしてもらう。具体的には，１週間で５日外出できそうだという見積もりが立つようであれば，３日と半日に留めてもらう。

3）気持ちも体も楽ができる生活を試してみる。具体的には本人からの生活上の問題提示に際して，“人に頼めることは頼んでしまう。楽できることは楽をする。楽しめることは楽しくやる。失敗してもやり直しがきくことをする。実利をとる。損得で考える。難しいことは後回し，簡単なことからやる。勝ち癖をつける。しんどければやめる。１つに決めず試してみる”などのキーワードから，本人が受け入れやすいものを提案して，実際に実験的に体験してもらう。

このように，診察場面では，心的負担を調整するための生活の工夫を計画することが主で，その課題は自宅の生活の場で実行して，その結果を次の診察で話し合うという連続的な取り組みとなる。これであれば，マンネリを防ぎ，短時間でも前進している実感を持ちやすい。

V. 治療の終結

統合失調症治療の終結があるとすれば，1. 服薬の終了（計画的断薬）か，2. 転医あるいは担当医の退職等による治療関係の解消であろう。

1. 服薬の終了

服薬の中止を求める患者や家族は多い。それは非常に難しいとはいえ，可能性が全くないわけではない。実行条件としては，上記のⅣで示したような，早期警告サインを把握して実践できていること，体調が悪化した際に，確実にSOSを発信し，それに対応してもらえるクライシスプランを作っており，常に相談できるようになっていること，前もって増悪時の頓服処方をしておき，再燃兆候が生じた際に，速やかに服用できるようにしておくことなどを確認している。

症例Aも若い女性で，比較的抗精神病薬の反応がよく，速やかに日常生活に復帰できたことを踏まえ，上記の手順を踏んで，いったん服用を終了したが，17週後，実父との些細な言い合いに端を発し，微小再燃に至った。計画的一時終了・有症状時の間欠的投与は効果がないこと[5)]が知られており，その情報を丁寧に説明した上，どうしても薬を止めたい人に対しては外来通院による症状モニタリングは続けることを強く求めている。

2. 転医・担当医の退職

双方とも，1つの治療関係が終了することには変わりなく，あらかじめ記載した診療情報提供書や引き継ぎサマリーを確認しながら，治療の経過全体を振り返る。その中で，改めて，病者の治療への思いや回復過程の苦労を知ることも多い。転医は，社会生活状況の変化によるやむを得ない事情のことがほとんどで，多くの場合，生活範囲の拡大に基づくものであるから，その実現を目標として共に歩んできた治療同盟としては，卒業式のような雰囲気となることもある。大変病悩の重かった外来患者の回復後の転医（結婚による転居であった）に際して，外来師長を中心としてスタッフが卒業証書を作って手渡したことがあった。写真撮影の申し出なども，他の患者の迷惑にならない限りにおいて，最後の診察の時には快く引き受けている。

担当医の退職に際しては，次の治療関係に円滑な移行ができるように，事前の了解を得て，引き継ぐ医師の簡単な紹介をしたり，これからの診療に関する要望を伺って，診療録に記載したりする。人によっては，手紙を書いてきたり，家族を連れてきたりすることもある。筆者は最近，ある病院を退職したが，その最後の診察で，B さんという 40 代前半女性患者のご主人から，手紙をいただいた。ご本人とご主人の了解を得て，ご主人が書かれた手紙の一部を紹介する。

B さんは，元服飾関係の仕事をしていたが，10 年前に発症し，怠薬と再燃・再入院を繰り返し，8 年前に筆者が外来担当医となった。その際も，9 ヵ月の怠薬中断後に急性再燃し，支離滅裂な状態で外来を初診した。夫が付き添っていたが，非常に険悪な様子であり，家族関係調整も行わないと本人の生活環境を整えることが困難なのではと思われた。本人は，「薬を飲むと気持ちが悪くなる，喉が受けつけなくなる」と頑なに服薬を拒み，やむを得ず，内服薬と同じ薬種の持効性筋注製剤を用いて治療した。注射後 3 ヵ月ほどして，思考障害が軽快し，気分も穏やかになり，外来通院でも夫とペアルックで一緒に来院し，夫婦でツーリングに出かけた話など，和やかな日常が語られるようになった。

夫からの手紙には，症状を悪化させないために鬼のような気持ちで薬を飲ませたこと，無理矢理飲ませて喉につかえたことも確かにあったこと（はじめて，本人の頑なな拒薬理由の一端が実際のエピソードから由来することに気づかされた），夫自身が妻への対応を変えることで互いに楽になったこと，服薬に依らない治療としたことがよい方向に進むきっかけであったこと，今は苦労をした妻に励まされ，癒やされ暮らしていることなどが訥々と語られていた。その手紙の最後には，夫自作の詩が書かれており，実際の診療場面では，節を使って歌ってくれた。

涙の中に思い出が有る　涙の中に幸せが有る
泣いていいんだよ　泣いていいんだよ

過去の労苦や困難がささやかな幸せの源泉であり，それをこれからもきっと繰り返し続けていくのだという静かな諦観と運命への感謝が，短いことばに表現されていると受け止めた。

筆者の経験では，治療の終結場面では，治療者が短い時間で何かを患者に施すということよりも，患者から多くのかけがえのないものをもらって終わるということが多い。何の見返りも期待せずに，ただ，たまたま初診で関わることになっただけで，『その方の人生の苦労を少し持たせてもらう』などと大見得を切って，やせ我慢をした結果，その最後の場面では，患者でも，家族でもなく，人としての高潔さや温かさを受け取ることに帰結する。最初は提供する側で，そして最後にいただく側となる。最初には心配し，最後には心配され，励まされ関係を終わらせる。これが10分間で筆者がしていることのほぼすべてである。

文　献

1）Agius, M., Oakham, H., Biocina, S.M. et al.: The use of card sort exercises in the prevention of relapse in serious mental illness. Psychiatr. Danub., 18; 61-73, 2006.
2）Birchwood, M., Spencer, E., McGovern, D.: Schizophrenia : Early warning signs. Advances in Psychiatric Treatment, 6; 93-101, 2000.
3）Fujino, H., Sumiyoshi, C., Sumiyoshi, T. et al.: Performance on the wechsler adult intelligence scale-III in japanese patients with schizophrenia. Psychiatry and Clinical Neurosciences, 68（7）; 534-541, 2014.
4）原田誠一：正体不明の声：幻覚妄想体験の治療ガイド．アルタ出版，東京，2002.
5）Schooler, N.R.: Maintenance medication for schizophrenia: Strategies for dose reduction. Schizophr. Bull., 17; 311-324, 1991.

第3章

統合失調症スペクトラム障害および他の精神病性障害群に対する工夫とアイデア

肥田裕久　ひだクリニック

I. はじめに

精神科外来で精神科医は患者に対して何ができるのだろうか。日常診療では短時間しか時間的な余裕がない場合が圧倒的に多い。電子カルテの画面には続々と予約患者の名前が連なっている。あと△△分後には次の用事のために診療を終えなければならない。我が国の医療保険診療下ではどれくらいの時間が通院精神療法にかけられるのだろう。15分？　再診はせいぜい10分間程度かもしれない。では10分間という短時間で何ができるのだろう。この10分間を有効に使うために，それに供する工夫やアイデアについて論じたいと思う。

当院ではピアスタッフとの協働をはじめ，心理教育やSST（Social Skills Training），当事者研究，家族教室の開催など，精神科リハビリテーションも積極的に導入している。その点では多少の異色性を有していたとしても，外来診療そのものは極めてオーソドックスなものである。

それは何より患者－医師関係を重視し，症状に圧倒されている現状を解きほぐし，わかりやすいことばで患者のことばを補い，見立て，これから先の夢や希望を紡ぎ出し，適切な薬物療法で手当てすることである。本稿は，紙幅の関係もあり便宜的に初診，再診，終結に分けて述べていく。

Ⅱ．初診時の小工夫

初診は「診断」と「治療の第１回目」であるが，初診は患者と精神科医の最初の出会いということもできる。患者の側からいえば，医療という今まで経験したことのない知の「権力」に出会う場面である。先哲はこのことに自覚的であった。つまり医療の持つ暴力性，スティグマの烙印を押すことに敏感であった。しかし，統合失調症の軽症化が言われている今，この疾患に持つ畏れはどうなったか，自覚はどうなったか。だからこそ，この点は改めて強調しておいた方がよい。

筆者はメンタルクリニックでの診療を主にしているため，初診時に１人で来院する患者に接することも多い。そして，家族に付き添われずに自ら診療を求めて受診する統合失調症のケースが増えた。こうした場合，幻覚や妄想を主訴として来院するより，対人関係の悩みや抑うつ感，妙な焦りなどが前景に立ち，それを何とかしてほしいという訴えでの来院が多い。

1．診察室への呼び込み

診察室のドアは医師自らが開け，診察室へ呼び込みたい。「呼び込みの診断学」ということばを先輩医から教わったことがある。待合室に顔を向けることで，その様子もわかる。「待合室を耕す」と言ったかもしれない。診察を待つときの姿，表情，歩き方，待合室に雑誌などを置いているような場合には，どのように読んでいるか，ページのめくり方，そのようなことから多くの情報を得ることができる。時間的に難しい場合もある。その時は受付に様子を聞くこともあるが，なるべくならば自ら呼び込みたい。

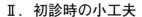

2．一挙に聞かない

生活歴，家族歴や病歴の聴取に当たっては，「聞きすぎない」ことに留意をしている。一挙に話を聞くとすると「実は私は……」の話は出てはこない。しばしば優秀と自負しているインテイカーは，この点に無配慮であることが多い。

患者はある程度まで「どこか今の自分は変だ」という感覚を持っている。困惑や思考面のまとまりの悪さにも自覚的なことも多い。この時，すべてを明るみに出させるような事態は侵襲的である。「話したくないことは話さなくてよい」とも告げる。統合失調症の患者は「すでに知られている」という意識を持っており，同時に知られたくない感覚も持っている。「話したくないことは話さなくともよい」ことを告げておく，それだけで患者の緊張は大幅に低下する。そのため，初診時には必ずしも全部の情報がそろっていることを求めない。同様に「ここで話したことの秘密は守られる」ということも必ず付け加える。「漏れる」「伝わる」「見透かされる」「読まれる」ということの脅威はいまさら言うまでもないが，この２つの教示は初診時に絶対に行わなければならない。

3. 過去形で問いかける

問診は侵襲性のない問いかけ方をする。「自分の知らないところで，自分の噂が流れていると思ったことはありませんか？」「自分について何かコメントするような声が聞こえている感じを持ったことはありますか？」「自分の考えていることが相手にわかってしまうと感じたことはありませんか？」などである。筆者が心がけていることは，この問いかけを過去形でたずねることである。このように時制を変化させることで，生々しさを減弱させ，少し症状との距離を取ることはできまいか。時宜を得た侵襲性の少ない質問は，専門職能としての精神科医への信頼感を醸造する。これまで誰に語っても理解されなかったこと，疎外感をわかってくれる（あるいは，わかってくれるかもしれない）人物と出会えたという安心を生むだろう。治療同盟の端初である。

4. 告知に関する２つの意味

統合失調症と診断がついた場合には，患者の訴えが症状であることも伝えなければならない。同時に病名告知をするかどうか，という局面である。病名告知に関してはさまざまな立場がある。筆者は，どちらかというと慎重な方である。いくら病名が変更されたとはいえ「統合失調症」の病名が持つ重みと深刻さは軽視してはならない。しかし，病名を告知せずにおくと，治療を行う根拠を失する。病気であるという告知は，「治療の必要性」と「治療によって回復する」という２つの意味を伝える精神療法的なアプローチである。

とはいえ，病気であることを認めたくない（認めないとは異なる）患者も多い。その場合，何としても説得するという態度はとらない。精神科医が関心を持つであろう幻覚や妄想，自我障害に焦点を合わせて，治療の同意をとろうとしても失敗に終わることが多い。一時保留し，棚上げして患者の不安や緊張に焦点を合わせる。緊張，不安，焦燥，睡眠がよくない，ということが困っていることであり，そこに医療として何かができるかもしれないことを伝える。「まず改善しましょう」という感覚で伝える。「治す」とはいわない。「改善」という医学の垢のついていないことばで伝える。患者の持っている「困ったこと」から治療を開始するが，いずれは薬物療法が必要になるかもしれないことも同時に伝える。「そうなったら，ご協力くださいね」――指示でも，命令でもない，患者－医師関係が非対称性にならないことばを選ぶ。

5. ～ patient first, family second ～家族との面接

患者本人と家族のどちらに先に会うかは微妙な問題である。同席診察では家族が患者に遠慮して正しい情報が得られないことが多い。最初は患者本人から話を伺うことにしている。

その後，家族から情報を得る時間をとる。ここで大切なのは家族だけの時間をあまり長くはしないということである。どれくらいの長さが適当か

はケース毎に異なるが，「今日はあなたの話を聞く用意がある」ということを明確にするために必要な配慮である。原則的に家族の話を聞く前に，患者に家族からも話を聞いてよいか同意を取っておく。病状により同意が得られない場合もあるが，その際は緊急性との兼ね合いになる。

家族にこれまでの経過を聴取してから，改めて患者を診察室に招き入れ，診察に入る。筆者は，時間的な余裕がなくなり家族の話を聞いた段階で時間が尽き，短い時間になっても最後は患者本人とで締めくくるようにしている。誤解なきように付言するが，この態度は家族を軽んじていることではない。

6. 家族が望む情報

家族がどのような情報を望んでいるかは，2010 年に実施された大規模なアンケート調査（有効回答数 4,419 名）からまとめられた提言「わたしたち家族の 7 つの提言」が最も参考になる[5]。病気になった初期の段階から，病気に関する正確な知識，対応方法，回復の見通しなどが，つとに家族の知りたい情報としてあげられ，ていねいに提供されることが望まれている[1]。

Scott によるカナダの家族を対象とした研究結果でも同様に，発病間もない初期の段階において，家族が最も希望したのは精神科医療の専門家の能力だとしている[4]。メンタルクリニックの利点のひとつはアクセスビリティーのよさである。クリニックで行える家族への支援は，迅速に，かつ正確な情報を提供するということであろう。ただし，初診時にはこのような時間まで十分にとれないことも多い。その場合，後日になってしまうが，どこか近い時期に家族に会うことを約束することとしている。

7. 初診時に必ず家族に伝えること

統合失調症と初診時に伝えてもよいが，むしろその疑いがあるというくらいの表現から控えめに始めてもよいかもしれない。統合失調症の予後はさまざまであり，鑑別を要する疾患も多い。経過を見ることの大切さも理解してもらうようにしている。「家族自身の生活と人生を大切にしていただきたい」ということは必ず伝える。自分たちの生活すべてを犠牲にしてでも，患者（多くの場合は子ども）に人生を捧げなければならないと献身的に頑張る家族もいる。だが，このような献身的な努力を長続きさせるのは困難である。このような家族にこそ上記のことを伝える。数々の高 EE（High Expressed Emotion）の研究は，患者は家族からの「批判的な言い方」「非難がましく言われる」「心配されすぎる」といったストレスが誘因となり，再発することを報告している。家族がそうした態度を取る背景には，患者の症状に翻弄され，患者を支えるために疲労困憊している場合が多い。すべての家族をねぎらうが，こういった家族にこそ，より多くのねぎらいのことばをかけるべきである。自分自身の生活と人生を大切にすることを勧め，気持ちに余裕を持つことの大切さを説明する。とはいえ，首肯する家族は多いとはいえない。あたかも場違いのことを言っているかのような面持ちの家族が多い――だからこそ，伝える必要がある。

家族が自分たちの人生と生活を楽しむことが継続されていくと，患者のよい面を少しでも見つけることができる。次によい点を認めていることを，ことばにして表現することができるようになる。一足飛びに解決策を求める気持ちや困ったことの原因を追求する態度をひとまず心にしまうことも同様であろう。家族としてできる具体的な対応を一緒に考えてもらい，接し方を工夫し，そのアイデアを出してもらう下地にもなる。患者のよいところを探すための考え方の準備運動である。

初診における小工夫などを述べた。初診に関して多くの紙幅を割いたのは，初診の重要性もさることながら，初診に時間をかけることが再診の時間の節約になるからでもある。「初診にかけた時間は報われる」とは泰斗・笠原嘉の至言であるが，筆者なりの解釈を許していただければ，再診の10分で何ができるのか，それは初診時にかかっていることだといえる。

Ⅲ．再診の小工夫

再診の場合は，患者が１人で来院することもあれば，家族で来院することも多い。いずれの場合にせよ，再診の要諦は，再発の兆候に目配せすることであるが，それ以上に患者が何を取り戻しているかを見つけ，患者本人の夢や希望について確認をすることである。その際に筆者なりに工夫をしていることを述べる。

1.「○○さん，こんにちは」～診察室は社会の最小ユニット～

診察室は，患者－医師関係のその前に顔見知りが顔を付き合わす場でもある。そうすると診察室は社会を構成する最小のユニットとして考えることもできる。あいさつを欠かした診察は土足で座敷に入り込むことと同じではあるまいか。患者は医療機関に何をしにくるのか。治療を求めにくることは間違いない。気にいったスタッフの顔を見にくるのかもしれない。診療の時間がだいたい同じ日時の，名は知らないが顔だけは見知っている他の患者を見てほっとしているかもしれない。そう考えると医療機関は患者にとっての社会への小さな通路なのだろう。あいさつは必ず行う。「○○さん」とあいさつすることは，○○さんのために時間を取りますよ，との表明に他ならない。

2. ケアとは相手に時間をあげること

前節を言い換えると，広井良典の「ケアとはその相手に『時間をあげる』ということである。時間をともに過ごす，ということ自体がひとつのケアである」[2)]と同じ意味である。１回１回の再診では劇的なことはあまり起こらない。淡々と，だが確実に共有された時間が蓄積されていくのが通院精神療法である。筆者はあいさつの口火の後，前回の診察から最も楽しかったこと，よかったことを尋ねるようにしている。あまりに教科書的な症状への問診は味気ない。問診の内容が決まっていれば，当然患者の答えは紋切りになる。これをもって行動の狭小化，思考の貧困化というのはいかがなものか。生活を記載したカルテは便利な歳時記でもある。「昨年の今頃はこんなことをしていましたが，今年はどうですか」など，話をふることもできる。

3. すぐには「理解」しない

この表現は誤解を招くかもしれない。日本語の「共感」は「同情」の意味が大きく「理解」のニュアンスは少ない，といわれている。しかし，理解ということばの持つ暴力性には敏感でありたい。常に「わからないこと」に開かれている状態で患者の症状や患者－医師関係の理解に努めなければならないのだから，安易に理解ということばを使ってはならないと考えている。「わかった」と思う瞬間に，思考停止になってしまうからである。容易に理解した気にならない。また，診察の場面で答えを求められたり，何らかのコメントを発せねばならない時もある。実際，わからないと答えることも多い。次回の診察までの宿題とさせてもらうこともある。

4. 疲労感を軽視しない

中井久夫は，患者が統合失調症により閉じざるを得なかった生活を広げていこうとする時の指標として，患者が疲労感や消耗感など，心身のエネルギーが低下していることへの自覚を持てるようになることをあげている。これらの身体感覚の「再」獲得は回復の重要な指標の一つであると述べている[3)]。さらに患者が回復しているかどうかを見分ける目安として，Sullivanを引き身体感覚――例えば，声の変化，咀嚼運動，緊張の増減など，好・不調などの身体の様子についての質問をされれば，気がつけるようになっていることをあげている。大切なのは「質問をされれば」ということであり，精神科医の側から質問をしなければこの情報は埋没してしまう。この時期の疲労感へ着目した問診からの情報量は多い。疲労感を感じることができない症状であったときには，動けなくなるまで活動を続けることすらあり，必要な休息もとれない。この状態からの脱却には，疲労感，倦怠感，眠気，空腹感というような当たり前の身体感覚を把握できることが必要である。これらのいわば安全装置的な身体からのシグナルが，統合失調症の再発の危機から防御している。これらを把握する質問として，「このごろご自分で声に張りが出てきたと思いませんか？」「聞いていると声に張りがあるように思いますが，ご自分ではいかがでしょうか？」（声の変化について）をする。「ご自分で疲れたという感覚が出てきていませんか？」「疲れを感じるのは身体からのサインですから，そのサインに気づけるのはよいことですね。そうは思われませんか？」（疲労感について）などと質問の接ぎ穂をしている。

5.「人間関係をなめらかにする」薬

抗精神病薬の効用については疑いを挟むことはないと思う。やはり適切な薬物療法は絶対的に必要である。ただ，何を目的に使用するのかを，はっきりさせておくようにしている。薬物療法は陽性症状の軽減を目的とすることの他に，筆者は「人間関係をなめらかにするために使用します」という一言を付け加えている。新規抗精神病薬は創薬過程や上市後の評価で必ずといっていいほど「認知機能を落とさない（改善する）」ことが御旗になっているが，患者の日常のことばに置き換えれば，それは「人間関係をなめらかにする」ことに他ならない。ことばを患者の日常用語に置換する作業もぜひ10分間でやっておきたい。当院では持続性注射製剤の導入にも積極的であるが，それは別の機会に譲る。

6. 黄色いパンジー，紫のパンジー

筆者の個人的な見解とした上であるが，再診の場合には，患者－医師関係をあまり精緻に作り込まない方がよい，と考えている。もっとも，意図的に患者－医師関係はできるものではないことは充分に承知をしている。少しずつだが，確実に蓄積する時間こそが精神療法の成果であろう。診察

の後に，筆者の主観による直感であるが，その日の診察を○，△，×と自己評価している。再診の場面での自己評価であるが，再診は次回もその次も行われる営為であるならば，ちょっとした自己調律も必要であろう。もっとも医師側の○が，患者側の○に一致しているとは限らない。ただ，自身に対しての緊張を産むとはいえるだろう。では筆者が自己評価で○をつけるのはどのような時か。

症状に対する精度をあげていくと，精神科医の目が症状探索型のモードになりやすい。「悪いところには敏感だが，よいところには鈍感」となりやすい。つまり，悪いところを拡大鏡で見て，よいところを望遠鏡で見る態度である。筆者は比喩を用いて，病状等を説明することが多い。患者のよいところやできていることを一緒に確認するときにも比喩を使う。しかし，比喩は患者の思考障害の程度や自我の混乱の程度を計りながら選ばなければならない。一般的に急性期には比喩はいっそうの混乱を深める可能性もあるからである。意味が多重化して妄想に取り込まれることもあるので，そのときには比喩を使わない。できるだけ明確で直裁な含みのないことばで語るべきである。そのような所定の注意を払った上であるが，当院ではオリジナルの資材を使用し，よいところ探しをしている。

「この中に紫色をしたパンジーと黄色のパンジーがあります。わかりますか？　小さいけれどこの紫のパンジーはとても目立ちます。これがいまの○○さんが困っている症状と思ってください。一方でこの黄色いパンジーは○○さんのいまできているところ，頑張っているところです。この困っていることを中心に診察をしてきましたが，今日はいまできているところ，頑張っているところなどを教えてください」。このように教示する。黄色いパンジーはどのようなことでもよい。「朝起きられるようになった」「親との喧嘩が少なくなった」「デイケアに来る回数が増えた」等，何でもよい。もし家族が同席しているのならば，家族の目からの変化を聞くこともよい。もしも，よいところが出ないならば，医師の方からコメントすることもある。そのため，毎回の診察時にカルテにちょっとした変化を書いておく習慣がついているとよい。これは「よいところを拡大鏡で見て，悪いところを望遠鏡で見る態度」であり，前述の真逆の対応である。

しかし，注意すべきこともある。比喩を用いる時，視覚的なイメージを呈示する際には，「開いて，閉じる」行為は欠かせない。イメージが横溢して侵襲的にならないようにするべきであり，それは風景構成法の枠組つけの意義に詳しい。資材を使用するときには，その安全弁として「では開きますね（見せますね）」と開くこと，今から始めますよ――とあえて大仰に伝える。説明を終えるときには，「終わりました（片付けますね）」と告げる。本稿で挙げた例はわかりやすい資材での比喩だと思うが，わかりやすい資材だからこそこのような「開いて，閉じる」という基本的な所作を忘れてはならない。

7. 夢や希望を聞けているか

「（狭い意味で）あるがまま」の自分を受け入れましょうと言いたい誘惑にかられるのは，治療の進展が膠着状態に陥った時であろうか。患者本人が口にするのではなく，精神科医が「あるがまま」ということばを口にするとそこに別の意味が付与される。そこに，改善しなくても「仕方がない」という意味や「諦めなさい」といった医療者側の責任逃れのニュアンスはないか。神田橋條治は「僕は“あるがまま”ということばは使わない。そのことばには何か動かないようなイメージがある。希望や期待や夢が入り込む余地が減ることばは使わない。それらが増えることばをいつも使う」としているが，それは正鵠を得ており，畢竟，夢や希望の重要性が語られているのである。

翻って考えれば，患者は夢や希望をどのように感じているのだろうか。キルケゴールのことばを借りれば，希望とは「新調の衣服で，ぱりっとして，しかもきらびやかである。しかし，それはまだ着てみたわけではないので，果たして体にぴったり合うかどうか，またよく似合うかもどうかわからない」（1843）のである。希望は未来形で訪れる。希望は不安の衣装を纏っているので，患者は希望や夢を語ることに臆病になっている。臆病になっているのだから導くことばが必要である。「○○さんの夢は何ですか」「以前はどのような希望がありましたか」「これからどのようなことをしてみたいと思っていますか」などと尋ねる。もっとよい言い回しがあるかもしれないが，このように問いかける。再診時の自己評価に○をつけておくのは，これらを行い得た時にしている。

8. なれなれしい空間

しかし，夢や希望を語ってもらうことと社会復帰を急がせることは全く異なる。急性期の，例えば陽性症状の消失を目的とする治療が成功したとする。それは喜ばしいことであろう。しかしそこに拘泥していると，再診時には却って治療の手がかりを失ってしまい，途方に暮れてしまうことはないか。拙速に社会復帰を導入し，無防備のままの患者を現実に立ち向かわせる愚行を行うと，初診時からせっかく涵養した患者－医師関係はあっけなく瓦解する。筆者は精神科デイケア等の集団的な治療を積極的に推奨する立場を取っているが，ただ場合によってはなれなれしい治療の場が作られはしないか，過剰な理解が付け加わらないか，の懸念を抱いている。夢や希望を安易に取り扱うと，その態度はたとえ有効な支援だとしても却って害があることもどこかで思考に留めおかなくてはならない。

9. 席を立ち，診察室を出る間～ 15 秒の観察～

「呼び込みの診断学」といったが「退出の診断学」もある。前者が診断に寄与するものだとすれば，後者は診察で話し足りないことがあるのかどうかを見つける場面である。席を立ち，診察室を出る間，せいぜい 15 秒程度であろうか。

統合失調症の患者は物言わぬ賢者である。以前は，統合失調症の患者は診察が終わると，そそくさとまるで逃げるかのように診察室を後にした。「時間を取らせて申しわけありません。今日もありがとうございました」

ということや「次の人が待っていませんか？」というねぎらいや質問を何度も聞いた。様相はいささか変化したのだろうか。診察時間を終えても，いつまでも話し続けていることがある。統合失調症の患者では，そのようなことは少ないかもしれないが，時間が制約されている中ではこの点にも工夫が必要となる。

ゆっくり「親身となって」話を聞くことが「支持的」であるとの誤解はないか。純粋な善意に基づく行為であろうが，これは退行促進的であり，非支持的態度である。支持的態度とは「もう時間外なのでそのような重要な話をするには適切ではないのですよ」ということを，患者に伝えることである。「次の診察で聞きますので，また聞かせてください」「次はその話から始めましょうか」などと補う。次回の診察は今回の続きであり，今回は次回につながることの表明でもある。筆者は「診察を編む」と言っている。

それでも充分ではないことはある。当院では専門職を配し（メディカル・コンシェルジュと称している），診察後の患者の雰囲気を察知し「少し話していきますか」と声かけをしている。実際に使用している診察補助問診票も呈示する（**図1**）。

Ⅳ．終結における小工夫

円滑に症状の静穏が図られ，薬物療法が必要なくなった患者は少なからずいる。このような場合はどうしているか。筆者は当分の間投薬なしでの外来受診を維持する。いつまでもクリニックに留めおくようなことはできないが，年に1，2回の受診は勧めることがある。「時々，近況を教えにきてください」「元気になった姿を自慢しにきてくれますか」等とは話すが強要はできない。しかし，年に何回か「近くを通ったから」と顔を出してくれることもある。「旧友」の突然の来訪に十分な時間を割くことができないが，このような患者のサプライズはうれしい。精神科医は元気になっ

診察補助問診票

平成　　年　　月　　日

氏名　　　　　　　　　　担当医

体調をお教えください。（睡眠、食欲、気分、行動など）

困っている症状はありますか。

前回の診察から今回までで、楽しかったこと、良かったことを教えてください。

診察で医師にお話されたかったことは、お話しできましたか。
本日、当院の外来スタッフとのご相談を希望なさいますか。

はい　　　　いいえ

医療法人社団　宙麦会

図１　診察補助問診票

た患者，医療を必要としなくなった患者（もう患者とは呼べないが）にもっと会うべきである。その生活ぶりを教えてもらえる機会を多く作る方がよい。

思いもかけず転院を申し出る患者もいる。転居等の場合にはこれは丁寧に遇するだけである。本人の同意を得て自立支援医療や障害年金の診断書のコピーを渡す。

治療中断の場合は悩ましい。当院は電子カルテなので，予約日に連絡なくキャンセルになった場合には表示しておく。担当医に確認し連絡を取った方がよいのか否かを精神保健福祉士と相談し，個別にどのように対応するかを話し合う。自傷行為や家族への何らかの影響が考えられる場合にはこれは働きかけをしないわけにはいかない。また，「薬なしで試してみたい」「自分でがんばってやってみたいのです」という時にはどうするか。ひとまずのお別れを考えるが，「もう１回考えてみて気持ちがゆれなかったら，そうしましょう。最後にもう１度次回お会いしましょう」ということにしている。治療がトライアスロンだとすれば，スイムからランへシフトする場面か。バイクは次の精神科医に担われるかもしれない。「困ったことができたら当院でもいいが，どこかのお医者さんに相談するようにしてください」と付け加え終診とする。患者の立つ瀬を失わせないようにすると案外と再初診につながりやすい。

Ⅴ．おわりに

おわりにあたり，R.D. レインの引用を行いたい。

「ある看護師が，ひとりの，いくらか緊張病がかった破瓜型分裂病患者の世話をしていた。彼らが顔を合わせてしばらくしてから，看護婦は患者に１杯のお茶を与えた。この慢性の精神病患者は，お茶をのみながら，こういった。『だれかがわたしに１杯のお茶をくださったなんて，これが生まれてはじめてです』」

精神分裂病が統合失調症に呼称変更され，告知がされやすくなったかもしれない。新規抗精神病薬の臨床使用で治療は行いやすくなった――このことは間違いないことであろう。リカバリーの概念も広まり，それは注釈をつけずとも通じる用語になりつつある。しかし，統合失調症という経験が本人にもたらす影響についてまでが減じたかどうかはわからない。圧倒的な体験を前にしたときの困惑への寄り添い，医療がもたらすスティグマの烙印を希薄にすること，治療同盟の維持，再発のかすかな徴候に気づくこと，その上で夢や希望についての確認をすること，これを 10 分間で行う。この愚直な繰り返しの上にしか通院精神療法は成り立たない。しかし，もっと鳥瞰的な視野でみてみる――それを成り立たせているものは，R.D. レインの引用で示した「もてなす」という気持ちである。着目すべきは「生まれてはじめて」という点である。患者の年齢はわからないものの，慢性ということなので，年齢はいっていることだろう。この患者が，人にお茶をもらった経験がないとは当然思えない。看護婦がどういう意図でお茶を出したかもわからない。喉が渇いていたからかもしれない，その他にも理由があろう。重要なのは，この患者が「生まれてはじめて」経験したと感じたということである。どうして「生まれてはじめて」と感じたのであろうか。ここに「もてなす」の本質がある。

筆者の想像だが，看護婦は純粋にこの患者に対して話をしたいと思い，お茶を出した。「○○さんとちゃんと話をしたいのです」ということを含めた１杯のお茶だと考えられまいか。医療者は，どうしても目的のために何かを行う行動様式に引きずられる。純粋に患者と接するためにするというのはなかなかできない。斟酌すると，この患者が「生まれてはじめて」と感じたのは，おそらくこの看護婦の心情をキャッチしたからであろう。

医療者は，治療や支援という枠組から自由になることはできない。しかし，R.D. レインの書いた１杯のお茶のことを考える時，患者ではなくて１人の人間としてお茶を出した。そこにもてなしや接遇の本質がある。10分間の精神療法が行うべき最初はここであり，また最後もこの点に尽きると考えている。

文　献

1）半澤節子：家族が求める支援とは．精神科看護，38（4）；5-10，2011.
2）広井良典：ケアを問いなおす：「深層の時間」と高齢化社会．ちくま新書，東京，1977.
3）中井久夫：最終講義．みすず書房，東京，1998.
4）Scott, D.S.: The Process of Hoping in Families of People with Schizophrenia. Master Dissertation, University of Albert, 1944.
5）全国精神保健福祉会連合会ホームページ：http://seishinhoken.jp/

第4章

双極性障害と関連疾患におけるポイント

鈴木映二　東北医科薬科大学医学部精神科学教室

I．初診

初診のポイントは「双極性障害を見逃さない」ということである。そのためには①気分変動のエピソードを見落とさないこと，②双極性障害の可能性を考えながら診断を進めること，③どういう人を双極性障害と疑うべきかを知っていること，④躁病エピソードを聞き出す具体的な質問を知っていること，⑤混合状態のことをよく理解していることが大切である。円滑に治療導入していくためには双極性障害に苦しむ患者の多様性に合わせることが必要である。病前性格に配慮し，病識および認知機能の障害を評価し，同時に自殺の危険性にも配慮しなければならない。また，併存する精神疾患をどのように扱っていくのかも重要な課題である。このことをよく理解したうえで経験を積むことが，限られた診療時間を有効に使うことにつながると思われる。

1. 気分変動のエピソードを見落とさない

双極性感情障害は，アルコール依存症，摂食障害，パニック障害，パーソナリティ障害などを併存することが多く，気分変動のエピソードが覆い隠されてしまうため見逃されやすい[22]。

特にパーソナリティ障害は重要な鑑別疾患である。双極性障害に苦しむ患者（特に若年者）は，その行動が性格変化やパーソナリティ障害に類似することが珍しくない[36)]。実際，思春期は双極性障害の好発年齢であるにもかかわらずパーソナリティ障害と誤診されている症例に出会うことが少なくない。患者の利他的な行為が時に支配的に見えることがある[36)]。それは他者を過大評価しながら，少しでも自分の理想に合わないと思ったとたんに評価を下げるという行為によって他者を支配しようとする境界性パーソナリティ障害の特徴とは異なる。

双極性障害に苦しむ患者が見せるエネルギーの高さやこだわりの強さは時に治療者の判断を誤らせる要因となる。患者の行動を冷静に分析し，まずはきちんと気分障害のエピソードを聞き出したいものである。

2. 双極性障害の可能性を考えながら診断を進める

気分障害のエピソードがあること（あったこと）を聞き出すことができた場合，さらに一歩踏み込んで躁病エピソードがなかったかどうかを聞かなければならない。

なぜならば，双極Ⅱ型障害に罹患した患者のほとんどがうつ病相に医療機関を受診し[37)]，うつ病の症状を訴えるのに必死であるし，そもそも，患者自身は軽躁状態を病状とは考えていないことが多く[12)]，場合によっては家族さえ病状と認識していない（むしろうつ病が治ったと喜んでいることさえある）[26)] からである。

さらに，双極Ⅱ型障害の多くは軽躁病の持続期間が 3 日以内と短く[21, 37)]，患者の生涯においてうつ病相の期間は軽躁病相の 39 倍にもなる[10)]。そのため，患者自身が自分の問題はうつ病エピソードであると考えるのは至極当然のことであろう。

臨床家は大うつ病エピソードで受診する患者の多くが実は双極Ⅱ型障害である[2)] ことに注意しなければならない。臨床家が双極性障害と診断するのは，最初のエピソードから 10 年以上経ってしまうことも珍しくない[3)]

といわれている。診断が遅くなるほど，最適な治療を受けるチャンスが先延ばしになってしまう。

3. どういう人を双極性障害と疑うべきか

最も注意しなければいけないのは，若年（25歳未満）で急性に発症した患者を診た場合である。特に症状が重症であったなら，さらに注意しなければならない[7]。

個別の症状として，双極性障害に出やすいものは，症状の季節性変動，何かよいことがあれば気分がよくなるなどの反応性，精神病症状，強い精神運動抑制，焦燥感や恐怖，アンヘドニア，無価値感，過眠，日中の嗜眠傾向，過食，鉛管麻痺，双極性障害の家族歴，循環気質や発揚気質，対人関係の拒絶・過敏などがある[26, 32]。

病歴の長い患者の場合は，過去のエピソードについて改めて丹念に聞くことが大切である。うつ病エピソードが反復性（4回以上）であったり，1回のエピソードが短かったり（平均3ヵ月未満），産後（特に30日以内[18]）の発症の既往歴がある場合は，双極性の可能性が高まる[7]。もし，過去に治療歴があれば，抗うつ薬による躁転のエピソード，3種類以上の適切な抗うつ薬の使用に反応しなかったこと，抗うつ薬によるうつ病エピソードの予防効果がなかったことなどが双極性障害を疑わせる指標となる[7]。

また一方で，双極性障害の病的状態は，まさに千差万別であり[36]，病状を詳しく聞けば聞くほど診断に迷ってしまう場合もある。そのような場合は知識やデータを尊重しつつ，同時に勘（服装や会話量などから受ける印象など）も大切にしたいと考えている（ただし主観は常に批判的に検証され続けなければならないことは当然であるが）。例えば，うつ病だと思っていた患者が派手なジャケットを着てきたら，自分の診断を一度疑ったほうがよいかもしれない。以前の職場で風景構成法テストを施行した患者のうち，赤いスポーツタイプの車を描いた患者が2人だけいたが，いずれも双極性障害であった。筆者自身，たまたま患者が黄色のオープンカーに乗っているのを見かけ，双極性障害の診断に至ったこともある。

さらに，その人となりを見ることを勧めたい。そのことで診療時間を有効に使うこともできるが，早とちりになりかねないので注意も必要である。服装，言葉使い，立ち居振る舞い，職業，仕事とのかかわり方，交友関係，趣味，金銭感覚，幼少から現在までの行動も参考になる。双極性障害に罹る方は，複数回結婚したり，出会いから結婚までの期間が短かったり，彩に満ちた恋愛を経験していることが多い。説明が理屈っぽかったり，くどかったり，たとえ話が多かったり，とにかく会話量が多い患者や話題の転動性にも注意が必要であると考えている。家族からの情報が大切なのは言うまでもないが家族自身の立ち居振る舞いも参考になる。このような行動や会話の情報は，診察室内よりもむしろ待合室や受付においてよりはっきり表れる。事務員やコメディカルスタッフに印象を聞くことも大いに参考になるので，事前に患者の様子を耳打ちしてもらうように頼んでおくことも診療時間の短縮に有効である。

4. 躁病エピソードを聞き出す方法

躁病エピソードについて，患者自身から語られることは珍しい。うつ病期にある患者に聞いたとしても「私の人生にはよい時期などなかった」などと答えることが多い[11]。そのため，躁状態については具体的に質問する方がよい[11]。日本うつ病学会は，躁病エピソードを聞き出すための具体的な質問例として「うつ状態になる前に，以下のような時期がなかったでしょうか？」と聞くことを推奨しているが，その具体的な時期として，「睡眠時間が短くても頑張れた」「よいアイデアが次々浮かぶ」「仕事がバリバリできる」「自信を持って，話すことができる」「でも，何だかイライラして腹がたつことがある」などの例を挙げている[20]。

特に睡眠時間について聞くことは大切である。躁状態においては「睡眠欲求の減少」が起きるのであって，睡眠障害あるいは睡眠時間の減少ではないことに注意が必要である[25]。

5. 混合状態には特に注意が必要

患者自身は混合状態のことを，うつ状態だと思い込んでいることが多いので，その存在を確認するのが困難である。Depressive mixed state は，mixed depression とも呼ばれ，大うつ病エピソードにいくつかの軽躁病症状，例えば注意散漫・転動性，racing thoughts（考えが競い合う感じ）／crowded thoughts（頭の中が持続的にいろいろな考えでいっぱいになり止めることができない状態）などが混在することが多く，焦燥，易怒性，イライラ感が混在することもあり，主として不快でイライラし集中できない状態である[26, 32]。頻度は少ないが，おしゃべりすぎる，危険な行動の増加，合目的な行動の増加，睡眠欲求の低下，自己評価が高くなる，高い気分などが混在することもある[32]。

中には人生のほとんどが（混合状態の診断基準は満たさなくても），うつ病エピソードと躁病エピソードの混在した状態の中で生活しているという人も珍しくない。このような方は，日替わりで気分が変わるなどと表現することもあるし，（長期間全くうつや躁の症状が出ない状態を経験しないために）どこが正常な気分なのか自分でもわからなくなっていると表現したりもする。内海は「思考と気分と行動それぞれがうつと躁に揺れている状態」あるいは「うつ状態における気分の不断の上下動」「不穏，焦燥，興奮の混入」などと表現している[36]。木村によると混合状態においては思考，気分，行動のそれぞれにおいてさえ違うベクトルのものが同時に存在しうるという[13]。つまり，落ち込んだ気分と爽快な気分という通常は反対方向の感情が混在することもあるという。

患者一人一人の混合状態を理解するということは，診断はもとより，その人の苦しみを理解し，よりよい治療に結びつけるために大変重要なことである。

6. 外因性精神病などを除外する

双極性障害と診断するために除外すべき外因性精神病は，脳器質性疾患，てんかん，各種感染症，膠原病，内分泌代謝障害，薬物性（中毒性）疾患などである。

古典的な診断では統合失調症においても躁状態は頻繁に認められると考えられていたように，統合失調症との鑑別は重要である。また，古くはSchneiderが反応性躁病について言及しているように，躁状態は反応性（心因性）にも表れる。意外にも，楽しい出来事よりも悲しい出来事やストレス状況下で躁状態となることが多いと言われている。

7. 自殺のリスクを見逃さない

双極性障害を診断した場合，次にすべきことは自殺の兆候を見逃さないことである。双極性障害に苦しむ約1/3の患者が自殺を企図し，10%は完遂するというデータもある[11)]。

比較的若い年齢，双極性うつ病の初期，先行するエピソード数が多い，うつ病が重症である，BMIが高いなどは自殺の危険を高める因子である[8)]。

また，他の精神障害が併存することで，治療が困難となり自殺のリスクが高まる。不安障害や物質依存症の併存には特に注意が必要である[23)]。物質依存のうち，ニコチン依存，アルコール依存は双極性うつ病の自殺率を高める[24)]。パーソナリティ障害の併存も自殺を招きやすい[4)]。

双極性のタイプ別の危険因子についてのコンセンサスはないが，急速交代型（年4回以上のエピソードで定義される）で自殺の危険が高い可能性がある。

英国では抗うつ薬の処方数が上がったことが自殺予防に貢献した可能性が指摘されているが，日本では抗うつ薬の売り上げが急速に伸びた1999年頃より自殺で死亡した人の数は増えている。近年，若年者の場合には抗うつ薬によって自殺のリスクが高まる可能性について議論されている[6)]。抗てんかん薬も自殺および自殺関連行動のリスクがプラセボ服用群と比較して高いことが報告されている。ちなみに入院は自殺を予防する有効な手段であると思われるがエビデンスはなく，入院と退院の直後には自殺の危険性が高くなる[9]。したがって入院させれば安心であるというのは安易であり，入院の適応を十分に検討した上で，よく話し合うことが大切である。退院の際も，環境の変化や患者の不安に寄り添うことが大切である。

8. 治療の導入

基本的には初診時に病名告知が可能かと思われる。筆者の経験では患者の受け入れは多様である。他施設でボーダーラインなどの診断名を告知されている場合や，難治性のうつ病として治療が行き詰まっている方などは比較的受け入れがよい印象がある。特に配慮が必要なのは精神科受診が全く初めての方である。相手が十分納得していないようであれば，引き続き話し合うことを約束する。双極性障害の治療は生物学的治療が優先されるべきである[12]が，中には非薬物療法を主張する患者もいる。その場合，筆者の経験では薬物療法への不安を聞いて，その気持ちを尊重すれば，多くの患者が服薬の勧めに耳を傾けてくれる。双極性障害に苦しむ患者は一般的にデータ好きな方が多いが，説得する場合は，薬を飲むことで多くの患者がよりよい生活を送ることができるようになっているのをたくさん見てきているという実感を伝える方が効果的なようである。

Ⅱ. 再診

再診のポイントは，いかに長く寛解状態を保つかであるが，そのためには家族や職場などの協力が不可欠であり，そのことは診療時間の節約にもなる。症状の変化に常に目を光らせ，必要な検査を行いながら適切な薬物療法の維持に努め，精神療法は当然ながら，社会リズム療法や当事者会なども取り入れて幅広い治療を展開することである。通常，症状寛解後の2ヵ月間を回復期，それに続く2～6ヵ月間を継続期，それ以降を維持期と呼ぶ[16]。回復期と継続期に薬物治療を中断すると高率に急性期の症状が再燃してしまう。維持期にも新たにエピソードが再発するのを防ぐために薬物療法を原則続けるべきである[33]。

1. 家族への介入

家族関係は，双極性障害の経過に影響を与える重大な因子である[16]。家族が high-EE（emotional expression）の場合，再発率が高くなる。双極性障害の患者は家庭生活におけるストレスに脆弱であり，家族心理教育による大きな効果が期待できる[15]。双極性障害では一度病相が始まり出すと自己評価や情動の自己コントロールが難しいため，客観的に症状を見てアドバイスできる身近な存在である家族の協力は重要である。

双極性障害に特化した当事者会である特定非営利活動法人日本双極性障害団体連合会（ノーチラス会）では，家族会も開催しているが，そこに参加すると家族が受けるストレスの大きさも相当なものであることがうかがえる。したがって，医療者が家族を支えることも重要であろう。

2. 症状の変化に目を光らせる

Kraepelin によると寛解期においても患者は「突然起こる陽気さや，普通でない企画心に，日常の心配，懸念の振り払いとか，おしゃべり，気ままな奔放さとか，怒りっぽさ，あるいは理由もないひどい心配，うちにこもって考えている性質とか，何週間も何もせず無関心なこととかで，こういうものは過労やトラブルのせいにされるが，やはり起こったときと同じように，また速やかに消え去る」[14] 状態にある。つまり，客観的には変化がないように見えても内面は常に症状に翻弄されていると考えるべきであろう。患者の訴えを見逃してしまうと，それがエピソードにつながりかねない[11]。さらに症状があっても医師に語らない場合が多く，寛解期にもミクロレベルで揺れている患者が多いことを常に念頭に置きながら症状を問い直すことが必要である[16]。

3. 薬物療法を継続する

双極性障害の維持療法のポイントは，いかに適切な薬物療法を継続するかにかかっていると言っても過言ではないと思われる。英国，デンマーク，米国のガイドラインでは躁病エピソードが1回でも生じたら維持療法を開始する[33]。日本うつ病学会のガイドラインによると①重症の躁病エピソードが1回でもあった場合，②2回以上の躁病エピソードがあった場合，③うつ病エピソードを繰り返す場合，④家族歴がある場合に維持療法を考慮する[19]とされている。

4. 薬物療法を円滑に行っていくために

薬物療法に関して，当事者と医療者の意識の間には大きな溝があると思われる。平成27年にノーチラス会にて実施したアンケートによると，当事者は睡眠薬や抗不安薬の効果を高く評価する一方，双極性障害治療薬を評価しない傾向があった。双極性障害に苦しむ患者は，彼ら自身が病状を改善すると考える薬を好んで服用する可能性が高く，lithiumのように病状を安定させるために重要な薬に対するアドヒアランスが低いことは以前より知られている。

服薬アドヒアランスを向上させるためには，良好な患者－医師関係と適切な心理教育が必要になる。後者に関しての医療者の認識は意外と低い。しかし，それは前提として薬物療法が適切に行われていなければならない。たとえばlithiumは，様々な要因で血中濃度が変化しやすく，注意深いモニタリングが必要な薬であるが，前出のアンケートでlithiumの血中濃度を測定する回数は明らかに少なかった[30]。さらに，朝服薬せず採血している患者は16％に過ぎなかった[30]。情報提供に関しても，lithium服用時に非ステロイド性抗炎症薬（NSAIDs）との併用，脱水に注意が必要であると認識している人はそれぞれ13，31％にとどまった[30]。臨床家は患者を変えようとする前に自分の治療法をセルフチェックした方がよさそうである。

もし，服薬がなされていないことがわかった時には，理由を探るようにする。筆者の経験では，誰かに服薬を反対されている，薬を飲むことに（合理的な理由のない）抵抗感がある，副作用に悩んでいる，家族に気を遣っている（家族に対する罪悪感など），薬を飲む回数が多い，酒が飲めなくなる，車が運転できなくなるなどを理由に挙げる方が多い。

5. 必要な検査を行う

月経周期，妊娠の問診，身長，体重，バイタルサインの測定を日常的に行うと共に，血液学的検査，血液生化学検査（肝機能検査［T-Bil, AST, ALT, γ-GTP］，腎機能検査［BUN, Cr］，CPK，電解質［Na, K, Cl, Ca］，空腹時血糖もしくは随時血糖および脂質プロファイルなど），lithium 服用中の患者では，血中 Ca および P 濃度の測定を行い，必要に応じて，副甲状腺機能検査を追加する。高脂血症や糖尿病が疑われる場合には，より詳細な評価および治療のために，栄養指導や専門医へコンサルトすることも考慮する。加えて，適正な頻度で心電図検査を行う。

特に lithium は長期に使用しているうちに腎機能が低下し中毒になることがある。lithium とクレアチニンの血中濃度は相関する[27]ので，採血の際は一緒にチェックすることを勧める。前出のノーチラス会のアンケートで，過去１年間に心電図検査，甲状腺機能検査，副甲状腺機能検査を受けた記憶のある人はそれぞれ 44, 16, 11％に滞った[30]。

6. 精神療法

精神療法の基本が支持的精神療法であることは他の疾患と変わりはない。ただし，双極性障害に苦しむ患者の場合には，躁状態へのこだわり，社会機能の低下へのコンプレックス，環境の変化への脆弱性，病識や認知機能の障害などがあり，特別な配慮が必要となる。

前述のように患者は躁状態を治療対象と見ない傾向が強いが，人によってはそこにノスタルジーさえ感じる人もいる。しかし，皮肉なことに薬物療法が最も奏功しやすいのは躁病である。躁病を抑えることは長い目で気分を安定させるために重要である[8]。一方，周囲の人にとってはむしろ軽うつ状態にある患者の方が付き合いやすく，実際本人が軽いうつ状態であると感じているくらいが客観的には正常に近いことが多いため，治療の目標設定としては「本人にとっての軽いうつ」を目指す方がよい[11]。そのことを普段からよく話し合っておくことが大切である。

多くの患者がそうであるように，双極性障害が長期化するにつれ社会機能も低下し，さらには，教育，職業，結婚生活，対人関係，性的活動，余暇の活動など，生活全般が障害され，別居，離婚など結婚生活の破綻も高率である[35]。さらに患者は，躁病エピソードの最中に自分のしてしまったことに対して自責的になっている。このような患者の困難に寄り添うことが大切である。

一方患者は，大なり小なり特徴的な病前性格と病理を有している[36]。強迫的傾向や被害的あるいは振り回す傾向（おそらくは認知障害も関与している）が見られることがある。また，双極性障害特有の反権力的な面[36]が医師に向けられることがあるため，逆転移には注意したい。

特に注意が必要なのは，個人のアイデンティティーが役割アイデンティティーに深くつながっている人である。このような人は，障害による役割の喪失に対して，まるで自分自身のアイデンティティーを失うかのような大きな反応を示しやすい[13]。あるいは役割にしがみつくあまり，かえって自分と周囲を傷つけることもある。一方で，認知障害による患者の過大な自己評価や防衛機制は，治療者との意見の食い違いや陰性感情の原因になりやすい[31]。水島は患者という役割を持たせることを提唱している[17]。双極性障害に罹ったことで新たな役割が生じたこと，その役割をきちんと果たすことが意味のあることであるという説明は実臨床で有効であると感じている。しかし，患者という役割にアイデンティティーを見出そうとすると後述の当事者会への参加などを通じた他者へのかかわりや社会活動などのさらなるステップが必要かと思われる。

7. 社会リズム療法

社会リズム療法は，睡眠・覚醒リズムや生活リズムの乱れを自覚し，それを矯正する治療法で，双極性うつ病からの回復，うつ病の再発予防，自殺のリスクの軽減につながるというエビデンスがある[5)]。標準化された方法のうち最も単純なものは，患者に毎日，起床時刻，最初に他人と会った時刻，食事の時刻，就寝時刻を記入してもらう。記入された表を利用して，まずは短期目標（たとえば，朝は7時に起きることを1週間続けること）を達成し，次に中期目標（たとえば，規則正しい睡眠・覚醒リズムを1ヵ月維持すること）をクリアし，最後に長期目標（たとえば仕事に就くこと）へたどりつくようにする[34)]。

8. 認知機能の低下

双極性障害に罹患した患者の認知機能の低下は，病識の低下とも関連し心理社会的および労働機能の低下を引き起こし，そのことが抑うつ状態とも関係している可能性が指摘されている。経過中のどの時点において病識や認知機能が障害されるのかについては，病歴が長いほど障害の程度が悪化するというデータと改善するというデータがあり，はっきりしていない。

いずれにしても，病識や認知の障害は人によってその表われ方が様々である。また，その障害に対する防衛反応も人によって攻撃的であったり，合理化であったり，過度の自省であるなど多彩である。したがって病識の治療においても個人の特性を丹念に見極めながら行う必要があると思われる[29)]。

9. 当事者会の利用

当事者にとって，同じ体験をした人に会うことは，それ自体が癒しになる[28)]。これはいくら医療者が受容，共感，傾聴などの技術を駆使しようともなかなかかなうものではない[28)]。また，当事者会の中では原則的に，医療者であろうが当事者であろうが平等の立場にあるが，このことは，患者が本来の人間性を回復する効果を内包している[28)]。

しかし，医療者によって当事者会に対する理解が大きく異なっている。主治医から「当事者会があなたに何をしてくれるの？」「そんなところに行く時間があったらデイケアに来なさい」と言われたという話はよく聞く。当事者会はそもそも他者のために活動することを通じて自己を回復する場であり，何かをしてもらう場ではない。つまり，当事者会そのものが社会活動であり，むしろデイケアよりもひとつ上のステップと位置付けることができると筆者は考えている。医療者には，患者が参加している当事者会が健全に運営されているのかどうかを一緒にチェックし，当事者会の副作用である人間関係のもつれに対し助け舟を出すことが求められる。

ノーチラス会では，雑誌の発行，セルフヘルプ活動（例会など），啓発事業（講演会など），レクレーション事業，相談事業（無料電話相談，無料電話ピアヒアリング，面接での相談，談話室など）などを活発に行っている[28)]。このような当事者同士の癒やしのパワーを利用することは，われわれ治療者にとっても時に大きな助けとなる。

Ⅲ．終診

双極性障害の経過を35年間追跡した研究によると，予後良好であったのは15％にすぎず，45％は再発を繰り返す予後不良であり，30％は部分寛解，10％は慢性化していた[35)]。したがって前述したとおり原則的には維持療法を継続すべきであるが，①長期間安定していて，なおかつ退職などによって，再発のインパクトが低下した場合，②老化に伴う身体疾患の合併などにより，維持療法の継続が困難になった場合，③本人が維持療法の終結を強く希望している場合，などには終診を考慮するが，患者から治療の中止を提案する場合，躁状態の再発の初期徴候であることも多いので注意が必要である[12)]。終診とする場合も，再発の危険性と再発した場合の不利益について検討し，患者に説明する必要がある[33)]。

文　献

1）Administration, U.F.a.D.: Information for healthcare professionals: Suicidal behavior and ideation and antiepileptic drugs. 2008. 12/16/2008; Available from: http://www.fda.gov/Drugs/DrugSafety/PostmarketDrugSafetyInformationforPatientsandProviders/ucm100192.htm.

2）Akiskal, H.S., Benazzi, F.: Optimizing the detection of bipolar Ⅱ disorder in outpatient private practice: Toward a systematization of clinical diagnostic wisdom. J. Clin. Psychiatry, 66; 914-921, 2005.

3）Berk, M., Berk, L., Moss, K. et al.: Diagnosing bipolar disorder: How can we do it better?. Med. J. Aust., 184; 459-462, 2006.

4）Brieger, P., Ehrt, U., Marneros, A.: Frequency of comorbid personality disorders in bipolar and unipolar affective disorders. Compr. Psychiatry., 44; 28-34, 2003.

5）Frank, E., Kupfer, D. J., Thase, M.E. et al.: Two-year outcomes for interpersonal and social rhythm therapy in individuals with bipolar I disorder. Arch. Gen. Psychiatry., 62; 996-1004, 2005.

6）Friedman, R.A., Leon, A.C.: Expanding the black box: Depression, antidepressants, and the risk of suicide. N. Engl. J. Med., 356; 2342-2346, 2007.

7）Ghaemi, S.N., Ko, J.M., Goodwin, F.K.: The bipolar spectrum and the antidepressant view of the world. J. Psychiatr. Pract., 7; 287-297, 2001.

8）Ghaemi, S.N.: Mood Disorders, 2nd Edition-Practical Guide. Lippincott Williams & Wilkins, Pennsylvania, 2008.（松岡朝樹監訳：気分障害ハンドブック．メディカル・サイエンス・インターナショナル，東京，2013.）

9）Høyer, E.H., Olesen, A.V., Mortensen, P.B.: Suicide risk in patients hospitalised because of an affective disorder: A follow-up study, 1973-1993. J. Affect. Disord., 78; 209-217, 2004.

10）Judd, L.L., Akiskal, H.S., Schettler, P.J. et al.: A prospective investigation of the natural history of the longterm weekly symptomatic status of bipolar Ⅱ disorder. Arch. Gen. Psychiatry., 60; 261, 2003.

11）神庭重信：双極性障害の診断と経過．Bipolar Disorder 研究会編：Bipolar Disorder 1. アルタ出版，東京，p. 9-11，2003.

12）加藤忠史：双極性障害第 2 版：病態の理解から治療戦略まで．医学書院，東京，2011.

13）木村敏：臨床哲学講義．創元社，東京，2012.

14）Kraepelin, E.: Ein Lehrbuch fur Studierendwe und Arzte. 西丸四方，西丸甫夫訳：躁うつ病とてんかん．みすず書房，東京，1986.

15）三野善央：双極性障害の心理教育．こころの科学，131；93-96，2007.

16）宮地伸吾，鈴木映二：双極性障害の寛解．精神科，15；428-433，2009.

17）水島広子：対人関係療法で治す双極性障害．南山堂，東京，2010.

18）Munk-Olsen, T., Laursen, T.M., Meltzer-Brody, S. et al.: Psychiatric disorders with postpartum onset: Possible early manifestations of bipolar affective disorders. Arch.

Gen. Psychiatry., 69; 428-434, 2012.
19）日本うつ病学会気分障害の治療ガイドライン作成委員会：日本うつ病学会治療ガイドラインⅠ．双極性障害 2011. 平成 23 年 3 月 10 日作成版．http://www.secretariat.ne.jp/jsmd/mood_disorder/img/120331.pdf
20）日本うつ病学会双極性障害委員会：双極性障害（躁うつ病）とつきあうために ver. 7. 2015. http://www.secretariat.ne.jp/jsmd/sokyoku/index.html#01
21）Norwood, N.J.: Clinical Assessment Tools Packet. New York Center for Environmental Therapeutics, 1994.
22）大森哲郎：双極性障害は誤診されやすい．臨床精神医学，35；1395-1398，2006.
23）Perlis, R.H., Miyahara, S., Marangell, L.B. et al.: STEP-BD Investigators. Long-term implications of early onset in bipolar disorder: Data from the first 1000 participants in the systematic treatment enhancement program for bipolar disorder（STEP-BD）. Biol. Psychiatry., 55; 875-881, 2004.
24）Regier, D.A., Farmer, M.E., Rae, D.S. et al.: Comorbidity of mental disorders with alcohol and other drug abuse. Results from the Epidemiologic Catchment Area（ECA）Study. J.A.M.A., 264; 2511-2518, 1990.
25）Sprock, J.: Classification of scizoaffective disorder. Comp. Psychiatry., 29; 55-71, 1988.
26）鈴木映二：治療中に双極性スペクトラム障害に気づくには．精神科，14；298-304, 2009.
27）鈴木映二：向精神薬の薬物動態学：基礎から臨床まで．加藤隆一監修，星和書店，東京，2013.
28）鈴木映二：当事者同士の支え合い．鈴木映二編：ノーチラスな人びと．日本評論社，東京，p.128-138，2015.
29）鈴木映二：双極性障害の病識と認知機能の障害．神科治療学，30；1195-1202，2015.
30）鈴木映二：Lithium の中毒を避けるために：適切な採血検査と情報提供の必要性．精神医学，57；694-695，2016.
31）鈴木映二：双極性障害および関連障害群：双極Ⅰ型障害．下山晴彦，中嶋義文編：公認心理士必修：精神医学・臨床心理の知識と技法．医学書院，東京，印刷中.
32）武島稔，越野好文：臨床的な特徴と構造化面接を手がかりにした双極Ⅱ型障害の診断．精神科，11；158-164，2007.
33）寺尾岳：双極性障害再発予防のための維持療法．臨床精神医学，10；1471-1474, 2006.
34）寺尾岳：双極性障害および関連障害群：双極Ⅱ型障害・気分循環性障害．下山晴彦，中嶋義文編：公認心理師必携：精神医療・臨床心理の知識と技法．医学書院，東京，印刷中.
35）Tsuang, M.T., Winokur, G.: The Iowa 500: Field work in a 35-year follow-up of depression, mania, and schizophrenia. Can. Psychiatr. Assoc. J., 20; 359-365, 1975.
36）内海健：双極Ⅱ型障害という病．勉誠出版，東京，2013.
37）Williams, J.B.W., Terman, M., Link, M.J. et al.: Hypomania Interview Guide（including Hyperthymia）: Retrospective Version（HIGH-R）. Depress. Anxiety., 9; 92-100, 1999.

第5章

抑うつ障害群への診療
——初診・再診・終結について——

菊地俊暁　杏林大学医学部付属病院精神神経科

Ⅰ．はじめに

本稿は、抑うつ障害群、すなわちうつ病とその類縁疾患の患者が受診した際に、通常の臨床でどのようなことができるか、という観点から論を展開していく。本のタイトルにもなっている「10分間」に象徴されるように、我々日本の医師に与えられた診療時間は多くはない。その限られた時間をどのように活用するか、そこには治療者の経験ないしは学習してきた知識が大きく影響する。私自身は、認知行動療法や薬物療法の臨床的な側面に興味を持ち、多くの指導を受け、臨床の経験を重ねてきた。そのような背景を持った医師が行っている日常診療の工夫、と理解していただければ幸いである。

Ⅱ．治療における前提

日常の外来診療においては、うつ病だけではなく併存疾患や身体疾患を有する多様な患者の診察にあたる。どの患者に対しても普遍的かつ共通したアプローチはあるが、抑うつ障害群が持つ特性を理解して治療にあたるという、特異的な要素も少なくない。特に、抑うつ障害群が呈する症状というのは、気分や行動面、思考や意欲、身体症状など、多岐にわたり、それに伴う社会機能の障害も顕著となる。全てを同時に対応することは困難であり、包括的に観察すべき側面と、個々に対応すべき面とを合わせ持っていることを踏まえて治療に臨まなければならない。

Ⅲ．初診

初めて病院を受診するときというのは、精神科に限らずどの科であっても緊張や不安、期待といったさまざまな感情がない交ぜとなっている。いろいろ聞かれて咎められないか、怖い先生ではないだろうか、こんなことで病院に来るなんてと思われないだろうか、といったさまざまな思いである。中でも抑うつ障害群の患者というのは、個々に程度の違いはあれ、どこかで自らを責めたり、自信を失ったり、何かに傷ついたりした状態で受診する。症状によって苦痛を感じ、何かがうまくいっていないという不全感や自責の念を抱いている。あるいは前医で治療がうまくいかなかったために医療への期待を持てず、失望しながらも止むを得ずに来ている、という場合もあるだろう。自らの状態を語る気力すらなく医療者の前に現れることも少なくない。

そのような状態で受診する際には、どのような診察であれば安心を得られるだろうか。そういった観点から、以下のようなポイントをいくつか挙げてみた。

1. 患者の心理状態を受け止める肯定的な反応

初診の患者は多かれ少なかれ、新しい医師や医療機関、スタッフなどに不安と期待を抱きながら受診する。自らの意思で来院した場合には、特に変化を求めて受診していると言ってもよいかもしれない。そしてその変化を求めるにあたっては、清水の舞台から飛び降りるほどの決心をしてくる。今でこそ精神科への受診に対する抵抗感は減ったが、それでも不安を抱えながらの受診であることに変わりはない。

そこで医師が取るべき態度は、「よく思い切って来たね」という肯定的な受け止めである。例えば、比較的軽症ならば、早い段階で受診したことを評価すべきであるし、また重症ならばこれまで頑張って耐えてきたことを讃える気持ちを持つべきであろう。またそのことをきちんと言葉にして伝えるべきである。不安もあるが、今の自分の状態で来ても構わなかったのだ、という安堵感をまずは与えてあげられるよう取り計らいたい。

2. 患者の伝えたい情報を整理・収集する

患者が一息ついたところで、話を進めていくにあたり、まずはごく簡単なセッションの構造を伝える。構造といっても大げさなものではなく、初めてお会いしたので現在困っていることなど具合を聞かせて欲しいこと、話したくないことは無理に話さなくてよいこと、などである。

実際に進めていく上で治療者として持っておくべき心構えは、すでにこの問診を開始した時点から治療が始まっている、ということであろうか。**図１**のように症例を理解する図式を想定しながら整理することで、どこ

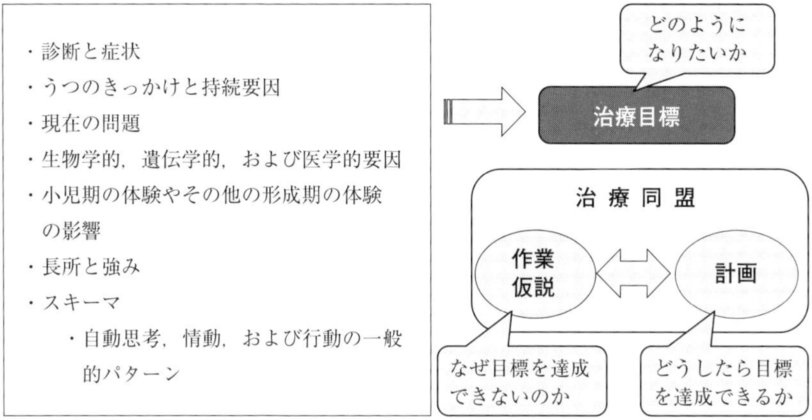

図１　症例の概念化の流れ

を解決するのかが見えてくる。特に、現在の症状がどのようにして形作られてきたのか、発症の誘因や、持続させている因子について収集するように考えていく必要があるだろう。

情報をやや過剰に伝えてくる患者が時にいる。どうしても面談が冗長になり、相手のペースに巻き込まれていくような感覚を覚える。このようなとき、自分自身の工夫を言えば、相手の語ることを紙に書き、それを見せながら話を進める、といったことを行う。電子カルテでも同様ではあるが、それ以外の細かい所見を記載している場合には見せにくいため、あえて用紙への記載にすることが多い。

情報収集をより治療的な態度で臨む際には、認知行動療法でいうソクラテス的問答（Socratic Questioning）、あるいは導かれた発見（Guided Discovery）、という手法を意識する。本人は気づいていないかもしれない事柄を、あえて質問することで発見していく、という作業である。例えば、職場における上司との人間関係がストレスであった場合、その上司のことを周囲はどう捉えているのか、あるいはそういった話を同僚としているのか、といったことは患者がなかなか語らないが、治療に役立つ情報であり、視野の外に置かれていた事柄に気づくだけでも本人が楽になることがある。

3. 診断や治療方法の共有

情報収集を経て、診断や問題点、治療の目標などが、治療者の頭の中で徐々に定まってくる。しかしよくあるのはこの「治療者の頭の中」で留まってしまうことである。患者の全体像を把握したのであれば、医師としての理解を患者に伝え、齟齬がないかを確認すべきであろう。

特に、診断を伝える際にはあくまで本人の体験に沿った説明をすべきである。すなわち、「うつ病とは気分が落ち込み、いろいろなものに興味がなくなり……」「身体の症状には……と……があり」といったような通り一遍のものではなく、「あなたがいまおっしゃっていた……というお気持ちは、抑うつ気分といい」「あなたが持っている頭痛や重だるさといったものが出てくると言われています」といった、より患者にとって自分と重ね合わせることができるような伝え方である。当然、既存の資料を使っての説明もあるであろうが、その場合においても「ここの部分があなたでいう“……”というところですね」と伝えればその人に響く。あくまで患者一人一人に届く情報を伝えなければならない。

また、資材を用いた説明もよいのだが、用いない場合であってもなるべく紙に書いたり、ワープロソフトで作成して印刷したりといったように、あとから手にとって眺めることができるものがよい。というのも、患者は説明を受けたとしても、こちらが思っている以上に記憶には残っていない。うつ病の認知機能障害もあろうし、初めての場所で緊張していたり、一度に多くの情報が入ってきたり、ということも影響しているであろう。また、疾患であると確定したショックも大きい。Bullらの報告によれば、医師は説明したと思っていても、患者側は半数程度の人しか覚えていない、という事実もある[1)]。初診の段階からミスコミュニケーションを起こしてしまうことは、これからの長い治療の旅の中で大きなハンデとなる。できるだけ適切な情報共有がなされるよう努めなければならない。

4. 今後の治療の方向性

上記の問診時に同時に行っていることでもあるが、問題点を整理していく中で、これから共に解決していくべき箇所を明確にする。全てを同時に処理していくことはできないし、また通常の外来で扱うのが妥当ではない場合もある。例えば困っている事柄として、両親との長年の不仲、兄弟間の葛藤、仕事での効率の低下、不眠、などが挙がったとする。前二者はこれまでのさまざまな出来事の積み重ねであろうし、すぐにどうにかできるとは考え難い。また、医師が関われることも限られるだろう。まずは目の前にあるより現実的な問題に取り組み、どう解決していくかを一緒に考えていくことを目標とすることが、優先順位としては上になる。認知行動療法ではこのような問題設定を行い、患者と協同的に課題の取捨選択をしていく。問題点を絞り込むには、再診の10分間でできることなのか、患者にとっての優先順位は何か、まず解決できそうなことは何か、といった視点で共有をしていくのが望ましいだろう。うつ病の患者は孤独感を深め、周囲からの援助を過小評価していることもあり、助けが得られないと考えていることも少なくない。主治医が寄り添っていく姿勢を見せることは、患者のそのような認識を変化させることにもつながっていく。

またうつ病の患者は、自らの病気が本当によくなっていくのか、という不安を強く抱いている。確かに初回の抗うつ薬治療で症状寛解まで至る例は1/3からせいぜい2/3くらいまでであるが、それでも我々は「必ずよくなる」と伝える。それが患者にとっての将来的な希望にもなるし、また実際に完全に症状が消失した状態、すなわち「治る」という状態になるまで時間がかかるとしても、症状が和らぐ、すなわち「よくなる」という言葉に嘘はない。少しでも症状が軽度となることを共に目指すことを約束していく。これは同時に自殺のリスクがある患者にも大切であり、短期の目標ないし約束があることを認識してもらうのである。

5. 再診へのつなぎ

診察の終わり頃には、あらかじめ次回以降の枠組みを簡単に伝えておく。本日と違い10分程度の時間であること、次の項で述べるように、症状の確認をしたあとにこちらでできるアドバイスや処方の相談をして、次回の予約を決める、という流れであること、などである。また概ねどの程度の治療頻度や治療期間になるかは伝えておくのがよいであろう。うつ病の程度や再発回数にもよるが、少なくとも中等度以上の重症度で初発の場合、症状がよくなるまでは1～2週間程度の間隔での受診であることや、寛解に至ってから概ね半年は服薬を継続すること、などを説明しておく。休養をする場合にも目安が必要となるが、まずは2ヵ月、そしてその都度あらためて考える、といった絶対的なものではないことも併せて伝えておく必要がある。

治療の手段については、そのときの患者の状態に合わせて、場合によってはすぐに決めないこともある。Shared Decision Making とも言われるように、こちらから与えた治療や診断の情報だけでなく、さらに情報を集めた上で、患者自らあるいは家族と相談して次の受診までに意見を固めてきてもらう、という方法もある。軽症の場合には薬物療法がよいのか、それとも精神療法が効果的なのか、経過観察が望ましいのか、いまだ定まっていないこともあり、検討していただく余地は十分にある。

また、残念ながら主治医の方針に合意してもらえない場合も少なからずあるだろう。症状の程度からは薬物療法が必須と医師が判断したにも関わらず、どうしても東洋医学で治したい、といったようなケースである。そのときには、あくまで発展的な形での「一時的な」終結、とすることがよいだろう。どうしても困った場合には迷わずに来て欲しいといった類のメッセージを残しておく。頼る場所がなくなることほど患者にとって孤独なことはない。紹介をする場合であっても、心の拠り所とできるようにしておきたい。

次の来院を約束した場合に、ちょっとしたホームワークを課すことがある。例えばうつ病についてインターネットで調べてみる、次の治療までの間で困った出来事などを書いておくノートを用意してもらう、あるいは情報不足なところについて情報を補ってきてもらう、などである。あくまで患者の状態に合わせた負担の少ないものでなければならないが、次回までにそれをやってきた、ということは一つの成功体験であり、医師への持参材料となる。自己効力感を高めることにもなり、また新たな変化を生じさせることができるのでは、といった期待感を持てるかもしれない。

6. 患者からのフィードバック

初診の最後には、今日来てどうだったか、というフィードバックを得ることにしている。これは２つの意味があり、一つは診察に来たことで、来院前に抱いていた不安が和らいでいることを確認してもらうことである。これはある種の認知や気分の変化であり、行動を起こしたことで気分が変わる、という現象を実感してもらうのである。もう一つの意味は、初診で多くのことを話すため、気分的な動揺が少なからずある。そのため診察を振り返ってもらうことで、会話の内容から少し距離を置いて冷静になってもらうようにするのである。開けた箱の蓋を閉じる、という作業と言い換えてもよいかもしれない。

以上、つらつらと書いたが、初診でもっとも大切なのは、実は「おみやげ」を持って帰ってもらうことではないかと思っている。病気であって自分の怠けではないのだ、治療の方法がわかった、といった診療に関わるものもあれば、よさそうな主治医に会えた、助けてもらえそうだ、事務の人の笑顔に癒された、といったこともあるかもしれない。どのような些細なことであっても、来院して間違いはなかったのだ、という印象を持ってもらうことは今後の治療には欠かせないだろう。

Ⅳ．再診

さて、本題ともいうべき 10 分間での再診について考えてみたい。まず、10 分で行うとなると一定の構造を意識しなければならない。認知行動療法におけるセッションの構造は**表 1** のようになっている。これを外来に応用すると、次のようになるだろう。

1．チェックイン

まずどのような場合でも前回の来院から今日までどうだったか、変化はあるかを確認する作業を行う。ここを簡略化するために、ベックうつ病評価尺度（BDI）や簡易抑うつ症状尺度（QIDS）などの自記式の評価尺度をつけてもらうことは一つの方法である。客観的な指標でもあり、双方が

表1　認知行動療法における1セッションの構造

0. セッション前に自己記入式評価尺度へ記入
1. チェック・イン
2. ホームワークをふりかえる
3. アジェンダ（取り扱う議題）を設定する
4. アジェンダについて話し合う
5. ホームワークを決める
6. セッションをまとめ、フィードバックを求める
   ※始めは治療者主導　→　徐々に患者主導に

今の状態を確認することができるという利点がある。ただし情緒的な交流は妨げられるため、これ以降の部分で補う必要はあるだろう。

2. アジェンダの設定

次に、アジェンダを設定してある程度の方向づけをしておく方がよいだろう。アジェンダとは、話し合うテーマのことであり、認知行動療法のセッションそのものでは必ず患者と話し合いの上で、いくつかある候補の中から取り上げるべき話題を選択していく。だが10分という短い時間の中ではアジェンダの設定にそこまで時間を割くことは難しい。例えば「症状を確認しましょう」や「薬を飲んでどうだったか聞かせてもらってもいいですか」など、ある程度絞ることも必要となる。会話の方向付け、と言い換えてもよいかもしれない。

3. アジェンダに基づいた会話

アジェンダを設定したら、それに基づいた面接を行っていく。うつ病患者では、自身の持つ否定的な認知や、不安や悲しみといった気分が支配している様子が会話の端々に認められるだろう。うつ病に代表的な認知の歪みとして、白黒思考や過度の一般化、といったものがあるが、そこまで顕著に認められなかったとしても、心理的な視野が狭くなっているのが常であり、自らの状態や周囲の援助などに対しても肯定的な側面を見逃している可能性がある。その特徴が見られる一例を**図2**に記載した。

この１週間どうでしたか？

自覚的な変化はないと返答

あまり変わりませんでした……。よくはなっていないと思います。

そうなんですね。昨日はどんなふうに過ごしました？

朝はなかなか起きられなくて……。11時ごろ起きて、ご飯食べて、少しだけテレビを見ました。

午後はどうしていました？

３時ごろ、友人からメールが来たので返事をしました。最近はほとんど返信できていなかったので、久しぶりに打ちました。

そうですか。ひさしぶりに返信できたのですね。返信してみて気分的にはどうでした？

行動による気分変化の確認

そうですね。メールがすごく心配してくれている内容だったので、返信できてよかったなあと。

よかったですね。少し前は打てないくらい辛かったのだと思いますが、そこは少し変化したのですかね？

微細な変化の自覚

確かにそう言われてみると、多少打とうという気にはなりました。

他にも、テレビをみるというのは受診された時されてましたっけ？

いや、テレビをつけたことはしばらくなかったですね。

そうでしたよね。テレビをみている時はどうでした？

行動による思考の変化

真剣にみていたわけではないのですが、そんなにあれこれ考えてはいなかったかもしれません。

テレビをみる前はどうでした？

ちょうど昼前だったので、他の人は仕事しているのになあ、とか自分はこれからどうなるのだろう、とか考えていて……。

するとテレビをみて少しその気持ちは和らいだわけですね。

確かにそうですね。何気なくつけたのですが、結果的には多少気分転換になったように思います。

そうなのですね。もし可能だったら、そういった何か をして多少気分が変わった、ということがあったらまた次の時に教えてくれませんか？

行動による気分の変化

わかりました。意識してみます。

本人レベルのホームワーク＝セルフモニタリング

図２　外来で行うやりとりの一例

微細な変化、特に改善の兆候があるにもかかわらず、総体としてとらえると芳しくない、というのはよくあることではある。その全体的な気分に巻き込まれず、改善の兆候に気づけるよう促していくのは、短い時間であっても治療者としてできることの一つだろう。この際にもっとも効果的なのは、初診の項にも記載したソクラテス的問答を活用した面談である。来院する前には見えていなかったことを誘導しながら発見してもらう、という作業であり、患者にとっても治療者から押し付けられたのではなく自ら気づいた、という形になって受け入れやすくなる。

内容について話していく際、洞察を深めるような作業をすることは少ない。感情が大きく揺れてしまうことは10分の中でするべきことはないだろうし、10分が過ぎて患者を1人にさせてしまうことは危険である。以前学生時代に、作家であり精神科医でもあるなだいなだ先生から、「藪医者の極意」という話を伺ったことがある。よい藪医者というのは、すぐに他人に紹介するといい、悪い藪医者というのは自分で抱えてどうにかしようとする、と。すなわち、自分のできる技量は少ないが、それをわかっていてそれ以上のことはしない、というほうが良心的であるというのである。“実は藪医者ではないのでは”という思いも抱いたものだが、それはさておき10分間という限られた時間の中で我々ができることは少ないわけであり、あえて感情を揺さぶって患者の具合を悪くする必要性はないだろう。もしそれが必要な患者だと思うならば、別で時間をとって50分間の精神療法をしてもよいだろうし、あるいは他の治療者へ適切な紹介をすべきである。

4. 次につながるまとめの作業

10分のうち、残りの2分はまとめの作業になる。次回の約束をし、薬の確認や、可能ならば次回までの小さな目標を設定する。それは「服薬ができたかどうか教えてください」でも、「外出したら教えてください」でもよいだろう。また面談の例にあるように、自らの行動を確認してきても

アドヒアランス低下の理由	日常で可能な対処方法
＊病気ではないという思い	疾患教育
病識の欠如	受容的姿勢
疾病の否認	認知行動療法的アプローチ
自責・自己否定などの偏った認知	
＊治療への不安	
依存や副作用、治療効果への不安	治療についての心理教育・SDM
家族の捉え方	家族へのアプローチや教育
医師-患者関係	良好な関係の構築
＊治療継続の負担	
服薬習慣	行動的アプローチ・支援ツールの利用
服薬のモチベーション	長期予後についての心理教育
服薬スケジュール	処方の整理や簡略化
周囲の援助	持続的なキーパーソンとのコンタクト
副作用	適切な対処法や処方変更
治療コスト	社会資源の活用

図3　治療アドヒアランスの低下への対応

らう作業でも構わない。

次につないでいくという意味では、治療のアドヒアランスを意識しておくことは大切であろう。**図3**にアドヒアランスに影響する因子とその対応を記載した。薬に対する抵抗感がある場合には服薬の確認が必須であるし、治療自体の経済的な負担を和らげるような制度の利用も必要となることがある。治療継続する上での障壁を取り除くことは重要である。

再診は、お互いの理解を深め、関係性が醸成されていく時間でもある。1回1回は上記のように簡素なものであっても、その積み重ねには意味がある。継時的な変化を観察していく中で、一時的な不調や本格的な増悪を認めることも少なくないだろう。その際に間接的な励ましや動機づけを行い、回復までの道程を歩んでいくパートナーとしての役割を、治療者は担うべきである。

Ⅴ．終結

さて、患者が寛解から回復に至り長期に安定した段階では、治療を終結することについて検討すべきであろう。当然、再発を繰り返している人の場合には継続することを強く推奨はするが、しかし患者の意向を無視することはできない。

終結にあたっては、治療を終えるということそのものを患者と医師の共通の目的として設定する。そして実験的な態度で臨んでいく、ということが可能だろう。例えば、通院の間隔を数週間単位から数ヵ月に伸ばすという方策もある。あるいは薬剤については、最低量まで減量した上でのことではあるが、服薬しない日を作ってみるという自己調整を試みてもらう。これは病状を自らが管理しているという感覚を強め、より治療的ではないかと考えている。

そして徐々に通院間隔が空き、服薬も行わなくなってきたところで終了することを提案する。患者によっては継続を希望するケースもあるが、その場合には数ヵ月単位での経過観察を数回入れることとする。その上で安定していることを患者自身にも確認してもらい、不安を極力取り除いた上で終結する。

ただし、治療の終結によって関係性が終わるものではないことは強調しておきたい。うつ病は再発することが少なくない疾患である。そのため、いつまた来ても構わない、というメッセージは伝えておく。そして、むしろ早めの受診、早めの対応が重要であり、「治療が必要かどうかのチェックにくる」という程度の気持ちで受診するようにハードルを下げておく。特に再発の早期警告サインのような自らが気づきやすい兆候を確認しておき、また家族にもあらかじめ伝えておくことを推奨しておく。

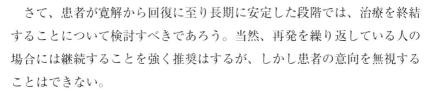

Ⅵ．最後に

10分間で我々が治せる患者は多くはないだろう。しかし、少なくないのもまた事実である。限られた医療資源を広く多くの患者に届けることが現在の日本の医療システムである以上、我々ができる工夫というのは目の前の患者さんに振り分けられる時間を最大限に有効活用する以外にない。その中で本稿が少しでもお役に立てれば幸いである。

文　献

1）Bull, S.A., Hu, X.H., Hunkeler, E.M. et al. : Discontinuation of use and switching of antidepressants : Influence of patient-physician communication. JAMA, 288（11）; 1403-1409, 2002.

第6章

不安症群の患者に対する精神療法的アプローチ

中村　敬　東京慈恵会医科大学附属第三病院

Ⅰ．はじめに

短い時間の中で実施することを前提にした日常診療における精神療法では，病因に変化をもたらすことを目指すよりも，患者の自然治癒力（レジリアンス）を活性化させていくことを基本に据えた方が実際的である[4,5]。

この稿では，上記の観点から日頃筆者が不安症群の患者にどのような精神療法的アプローチを行っているかを述べることにする。

Ⅱ．初診

初診時は30～40分間の診察時間を想定しておくことにする。

1. 病歴・生活歴聴取の際の注意点

初回面接の目的は，必要な情報を収集し，診断と初期治療の方針を定めることだろう。だが初診の時点から既に治療は始まっている。それは良好な治療関係を結ぶと共に，精神療法的アプローチの第一歩として患者の回復に向かう力を推し測るという意味においてである。そのためには，症状の他に以下の点に注意を払っておきたい。

通常の病歴聴取では，主訴を同定し，その起始（初発状況）と経過を辿っていくだろう。

こうした症状の経過と共に，症状を患者自身がどう受け止め，どう対処してきたのかという点も尋ねておくことが大切である。例えば「(主訴に対して）どのように解決しようとしてこられましたか？」といった問いを向けてみる。患者によっては，自らの不安を病気に起因する症状と捉え，それを取り去るために既に精神科を受診し服薬をしてきたかもしれない。しかし別の患者は，不安や緊張を自己の人格的弱さとして受け止め，それを克服するために医療とは別個の自己鍛錬——自己啓発セミナー，断食，武道等——に努めてきたかもしれない。このように同一の症状であっても，自己にとっての異物と見なして，薬物などによってそれが除去されることを期待するといった受動的対処から，自己の内なる問題（弱点）として受け止め，修養や鍛錬によって乗り越えようとする能動的対処まで，患者の受け止め方と対処の仕方には相当の相違があり得る。そのような患者のパターンを知ることは，今回の治療に対して「もっとよく効く薬を処方してほしい」ということから「症状をコントロールできるような手立てを身につけたい」といったことまで，患者がどのような期待を寄せているのかを推察する手がかりにもなるのである[7)]。

生活歴の聴取においては，第1に発症以来，症状が患者の生活にどのような影響を及ぼしてきたのかという点も顧慮する。病前の適応レベルが良好であっても，症状の出現以降，急速に社会生活から撤退してしまったのであれば，その患者に窺われる回避傾向は今後の治療に立ちはだかる問題になるかもしれない。症状が生活に及ぼしてきた影響を知ることは，現病歴で述べた受け止め方・対処の仕方とともに，患者の特性を推し測り，治療の焦点をどこに合わせるかを考える上で重要な情報である。第2に患者がこれまでの生活の中で何を大切にし（価値を置き），どのようなことを望んできたのかを知るよう努めておきたい。たとえば対人緊張の患者が自尊感情を回復する起死回生の策として，特定の資格試験を受験し続けてきたとしよう。ことによるとその資格は患者の能力からすると実現性に乏しく，また受験勉強に自分を封じ込めることによって益々社会関係から孤立する結果を招いてきたかもしれない。それでも困難を自力で挽回しようとする傾向は，ひとたび軌道修正がなされれば今後の回復を促す原動力になるかもしれないのである[7]。

2. 診立てと治療方針の説明

一通りの問診が終わった後は，暫定診断をつけ，病態と初期治療の方針について医師の考えを説明するだろう。初診の時点では診断がつかない場合もあるが，2，3回の診察までには暫定的な診断を絞り込む必要がある。いつまでも診断をつけずに対症的な投薬を漫然と行うことは，後々状態を慢性化させ，あるいは不要な投薬に帰結する恐れがあるからである。

ところで診立てを伝えることは，必ずしも診断名の告知を意味するものではない。それ以前に，医師が患者の抱える問題をどう理解したかを要約して提示することである。たとえば「今日お話を伺った限りでは，人前で緊張して思うように話すことができないという悩みがいろいろな場面に広がって，仕事にも支障を来すようになったということですね。高校時代からこのことに悩み，それを克服しようと様々な努力をなさってこられたようです。けれども緊張すまいと思えば思うほど益々緊張するようになってしまったのでしたね。今日こちらにいらっしゃったのは，そうした緊張をなくして，もっと会議では積極的に発言したい，同僚とも気楽に話をしたいと望んでいらっしゃるのですね」というように，疑問形で提示することによって，患者の同意が得られるかどうかを確かめていく[7]。このように患者の反応を確かめながら問診内容を要約することは，いうまでもなく良好な治療関係に寄与するものである。

上記の例は，社交不安症（社交恐怖）の患者に対する病態説明であった。さらにパニック症の患者のように症状そのものに強い恐れを抱いている場合には，初診の時点で症状について，より明確な心理教育を行う必要がある。「～さんが苦しんでこられた症状はパニック発作といいます。発作の時の不安は相当なものだったでしょう。初めてパニック発作を体験した人はしばしばこのまま死んでしまうのではないかと恐怖を感じたといいます。それくらい強い不安が起こることは理解しています。しかし，～さんがパニック発作の際に体験している身体症状は，心臓の病気などではなく，自律神経の急激な緊張によって生じたものです。～さんが恐れるような卒倒やコントロールの喪失は起こりませんし，ましてや死んでしまうことはあり得ません。発作は数分以内にピークに達し，その後は数十分くらいで自然に回復する性質があります」というように明言するのである。筆者はパニック発作を説明するのに，よく「夕立」の比喩も用いている。急にどしゃ降りになってもじきに雨は上がる，すなわち強烈な症状は短時間で鎮まるということである[3)]。

3. 処方の説明

今日，不安症の日常臨床においては，ほとんどの場合薬物療法を併用するだろう。では初診の際，医師は処方する薬物についてどのような説明を加えたらよいか。一例を示しておく。「～さんは，居ても立ってもいられないほどの不安が押し寄せてきて，苦しんでいらっしゃるのですね。そのために眠ることもできないのでしたね。それが今一番つらいことだと理解しましたが，よろしいでしょうか？（相手の顔を見て同意の有無を確かめる）。それは～症という病気から起こってくるものだと思いますが，まずそのような不安を和らげ，十分な睡眠が取れるようになることを目指してお薬を処方します。～症には様々なお薬が使われますが，その中でも不安を鎮める働きが確かなお薬を選んで処方しようと思いますが，いかがでしょうか？」[6)]。このような処方の提案に患者が同意するようであれば，さらにその薬について，いつごろから効果が現れるか，予測される副作用はどのようなものか，何か困った事態が生じた時どうしたらよいか，さらに万一服薬を続けられない場合にはどのような対処があるかなどについて説明を加える。「このお薬は飲み始めてから効果が現れるまでに1～2週間くらいかかります。ですから，1，2回飲んで効果を実感できないからといって，すぐにやめないようにして頂きたいのです」「このお薬は，飲み始めた当初，眠くなったりぼーっとしたりするかもしれませんが，これらの副作用はたいていは飲み続けているうちに徐々に薄らいでいきます。ですが，そのような影響には個人差があり，なかには眠気が強く現れる人もいますので，日中の生活に支障が大きすぎるようでしたら，半分に割って服用してみてください」「服薬について何か心配なことが起こったら電話をください。～時から～時までの間でしたら私は病院にいるはずです」「仮にこのお薬を飲み続けることができない場合，または1ヵ月程服薬を続けても思ったような効果が現れなかった場合は，他にもいろいろ有望なお薬がありますので，その時にはまたよく相談しましょう」といった説明である[6)]。

4. 投薬を補う「ことばの処方」

上記のように意を尽くして説明したとしても，患者には薬に対して様々な不安がついて回るものである。とりわけ不安症群の患者ではそれが先鋭な形で現れることが多い[1)]。患者はしばしば副作用に対する懸念から「なるべく薬は飲みたくない」と訴える。副作用の他に，依存性に対する心配もよく耳にする。こうした不安にはある程度現実的な根拠も存在する。それはベンゾジアゼピン系抗不安薬のように依存性を有する薬物だけの問題ではない。狭義の依存性がなくても休薬による症状再燃が高率に起こる場合，患者は服薬をそう簡単にはやめることができないのである。また患者によっては服薬が他の人にどう思われるかという不安を強く抱いている場合もある。

このような服薬に対する患者の心理を弁え，投薬に際しては次のような「ことばの処方」を補う必要がある[2,3)]。

a）「薬は生活を立て直すための補助手段です」

投薬に際して患者は受身の立場に置かれる。つまり薬という外的な手段に不安の解決を委ねることになるため，薬物なしでは無力感に陥りやすいのである。こうした無力感を克服するためには，「～さんご自身が生活を立て直そうとする取り組みが回復に向かう一番の原動力です。薬はそれを後押しする役割です」というように，当初から薬物の位置づけを明確にしておくことが鍵になる[2, 3]。このことには，将来の減薬中止を念頭に置いた布石という意味合いもある。

b）「薬には不安を軽減する働きがあります」

患者や治療者が薬物に万能的な期待を抱き，不安を完全に除去することを目指すと，際限ない増量や処方変更に結果する危険性がある。そこで薬物には，受け入れられる程度に不安を軽減する効果が期待できることを説明するのが現実的である。

c）「薬によって起こることの多い副作用について予め説明しておきます」

患者は薬物の副作用に対して不安を抱きやすい傾向にあるため，現実に起こり得る副作用と非現実的な不安とを区別しておく必要がある。その際，予想される副作用を細部にわたって伝えることは患者の不安を賦活する可能性があるので，頻度の高い副作用について大づかみに説明する方がよい。

d）「服薬についての心配があれば，いつでもおっしゃってください」

不安症の患者は，薬によって不安を取り除きたいと願う反面，服薬の弊害に対して強い懸念を抱くといったアンビバレンスに陥りやすい。それゆえ医師は患者のそのような不安を承認し，薬に対して懸念や疑問が生じたら診察場面でオープンに話し合うことを保証すべきである。服薬を巡る対話を重視する目的は，薬物へのアドヒアランスを高めるということだけではない。たとえば服薬へのためらいを「石橋を叩いてみる」ことになぞらえ，「石橋を叩いて渡らないことが～さんのこれまでのパターンではありませんか」と問いかけることによって，薬を巡る葛藤と日頃の行動パターンとに共通する自家撞着のスタイルに自覚を促すのである。ここでは「叩いた後には橋を渡る」ことが服薬することと回避していた状況に踏む込むことの二重の隠喩になる[1)]。

Ⅲ．再診

多数の患者の診療に追われる一般の精神科外来では，おのずから時間的制約が課されることになる。再診では10分間程度の診療時間が平均的なところではなかろうか。当然のことながらその間に扱えるテーマは限られており，どのような出来事を話題に取り上げるのかということ自体が，優れて精神療法的な課題になる。また治療者の助言も，焦点を絞ったワンポイントアドバイスの形になることが多いだろう。

1．症状の話には区切りをつける

多くの患者は，症状に関する訴えを繰り返し，前回診察以降の症状の程度や経過を詳細に述べようとする。そのような患者のペースに乗ってしまえば，症状を巡る話題であっという間に10分間は経過してしまうだろう。そこで症状に関する訴えには，共感を寄せつつも，治療者の了解を簡潔に伝えて，なるべく2～3分以内に区切りをつけることが得策である。ここでも比喩が役に立つ。例えば不安感がほとんど毎日続いたことを訴える患者に対して，「大変でしたね。この2週間は雨模様だったのですね」というように，である。ここで用いられているのは気分＝天気，不安＝雨という比喩だが，そのような比喩によって気分は常に変化するものであり，不安（雨）が続いていたとしても永続することはないという事実を暗示するのである。治療者と患者との間でこうした比喩が共有されるようになると，やがては患者の方から「前回以降は晴れたり曇ったりでした」というように自ら比喩的に症状の経過を報告することもあり，症状の話は簡単なやり取りで終了するようになる。

2. 不安に対する患者の態度を扱う

不安を除去しようとする患者の態度や行動が，かえって不安や症状を増強させるという悪循環は，不安症に共通する症状発展機制だと言っても過言ではない。医療機関への受診を繰り返すパニック症の患者は，自分の体調に絶えず注意を向けることで，軽微な身体感覚にも過敏に反応して不安を募らせるようになる。人前で赤面しないように努める社交不安症の患者は，一層自己の状態や顔色を鋭く意識するようになる。こうした患者に，「不安を打ち消そうとすればするほど，制御できない不安が募ってきませんでしたか？」といった問いかけを行うことで，自らが陥っている悪循環への自覚を促すのである。そのような悪循環に患者の理解が得られたら，「すぐに不安を打ち消そうとせず，少し待ってみましょう」「不安がどのように変化していくかを見届けてください」といった提案をしてみる。パニック症の患者が，慌てて受診しなくとも時間が経てばパニック発作は自然に消褪することを体験的に納得できたとしたら，治療目標の半分は達成できたと言っても過言ではないのである。

さらに患者の生活を損なうのが症状に対する予期不安である。例えば乗り物内でパニック発作を繰り返した人が，電車に乗る予定の日に，発作に対する予期不安→パニックの始まりと早合点→外出を回避するというように。あるいは社交不安症の人が，会議での発言が予定されている日に，予期不安→緊張の自覚と失敗の恐れ→会議を欠席するというようにである。こうした人々に対しては，予期不安が「健康と安全の欲求」「成功と承認の欲求」の裏返しであり，あってはならない症状とは異なることを明言する必要がある。そして「病気を恐れて病人の生活に陥ってはいませんか？」「失敗を恐れて成功の機会を逸してはいませんか？」という問いを投げかけ，予期不安→回避行動によって望むこととは逆の事態がもたらされていることに気付かせるのである。

症状を巡る悪循環は，なるべく治療初期の時点で明らかにしておいた方がよい。その後も患者の生活を損なうような悪循環や回避行動が見出されたら，そのつど話題に取り上げるべきである。時には診察時間の大半をこうした悪循環への介入に費やすセッションもあり得るだろう。

3. 患者の日常生活に目を向ける

日常診療の精神療法的アプローチにおいて最も重要なポイントは，対話の焦点を次第に症状から患者の日々の生活へと転換していくことである。そのためには「(前回以降の) 生活はどうでしたか？　何か変わったことがありましたか？」といった質問によって，医師が積極的に患者の生活に関心を向けることがなくてはならない。なるべくならこの話題に診療時間の多く（できれば５分以上）を用いたい。ただし時間の制約上，１回の面接で取り上げることができる生活上のエピソードは１つか，せいぜい２つまでだろう。そこで例えば「不安が強くて友人との約束をキャンセルした」といったエピソードに話題を絞り，いつもの回避行動として直面化を図るセッションもあり得ることは前項で述べたとおりである。とはいえ，自然回復力（レジリアンス）の活性化を基本に据えたアプローチでは，どちらかというと患者の病理的パターンの剔出《てきしゅつ》より，ささやかであれポジティブな行動に焦点を当てた方が効果的である[5]。肯定的な変化の萌芽に着目し，それを後付けることが患者のさらなるレジリアンスの発露につながり得るからである。患者の自己効力感を高めることに重点を置く関わりだと言い換えてもよい。事実，患者はしばしばそれと自覚せずに，ポジティブな行動に踏み出しているものである。それゆえ医師は注意深く患者の報告に耳を傾け，建設的な方向への行動変化を見出した時には，その日のセッションの残り時間を費やしてでも，その行動に焦点を合わせることが望ましい。例えば今まで避けていた１人での買い物に出かけたことが報告されたなら，医師は「すごい！」「やりましたね！」といった言葉を添えて，驚きを込めてその行動を肯定的に照らし返すのである。こうした医師の支持と承認は，患者をさらなる建設的な行動へと後押しする効果をもたらす。また，行動を起こす前の気持ちと終えてからの気持ちを尋ね，行動することで気分や感情が自ずと変化することに注意を促すことも重要である。

4. 行動について具体的な助言を与える

患者の建設的行動をさらに勢いづけていくために，患者自身が次の診察までに実行可能な課題を設けるよう促してもよい。行動の課題には，予期不安のため避けていた行動（外出や乗り物に乗るなど）に踏み込むことも含めた方がよいが，そればかりに限る必要はない。多くの患者は不安がなくなってから本来やりたかったことに着手しようと考え，結局はいつまでも先延ばしにしている。たとえば新しい洋服を買いに出かけるなど，不安との闘いにかまけて締め出してきた患者の希求をも，予期不安を抱えつつ実現していくよう奨励する。このようにして，患者の希求を幅広く行動に結び付け，生活全体を充実させていくのである。

ところで患者によっては，行動に踏み出すためにかなり具体的な助言を必要とする場合がある。たとえば雑談の場面を恐れる社交不安症の患者には「話し上手より聞き上手を心掛けてみるように」という助言が効果的である。彼ら／彼女らは，気の利いた話をしなければならないという思いが過剰であり，会話の最中も次に何を話そうかということばかりに意識がとらわれて他者の話に注意が疎かになる結果，間の悪い話しぶりになりがちである。「聞き上手」を心がけるとは，注意を相手の話に向け直すことであり，結果的に自己自身に注意が集中した状態から脱することができる。また強迫的・完全主義的傾向のために行動の停滞や不決断に陥りやすい患者には，「目前のことにすっと手を出していきましょう」「全か無かのパターンに陥らず，ほどほどのやり方を探ってみましょう」「次の行動にすばやく転換するように」といった助言が有効である[3]。

Ⅳ．終結

症状が改善していることは治療終結の必要条件であるが，さらに患者の行動が広がり，生活が立て直されることが終結の十分条件になる。一定の期限を設定した短期精神療法とは異なり，日常臨床では予め面接回数を定めることは例外であろう。患者と医師双方が，あうんの呼吸ともいうべきタイミングで終結がなされることが一般的だと思われる。終結が近づいたことを患者と共有したなら，これまでの治療のまとめを行うことが望ましい。その際には，特に以下の点を振り返っておくことが大切である。

1. どのようにして症状を巡る悪循環から脱したか

不安症では，不安や症状が消失した後に生活が再建されるといった一方向的な回復過程を辿ることは稀である。かえって不安や症状を除去しようと努めるほど，症状にとらわれていくことは既に述べたとおりである。むしろ不安はあっても，やむにやまれず行動に踏み出したことが，悪循環から脱するきっかけになることが多い。したがってまとめの作業においては，患者に「どんなことがきっかけで改善に向かい出したのか，もう一度振り返っておきましょう」と呼びかけ，治療的変化が生じた契機を再確認しておくべきである。このような布石によって，将来症状が再燃しかかった時患者が脱出の方途を想起することにつながるかもしれないからである。

2. 発症前の生活スタイルを吟味する

たとえば不安症の患者には，症状が顕在化する以前から過度の完全主義や「全か無か」といった強迫的スタイルのために，関与する領域が狭小化していたり，予測の難しい状況や行動を回避するといったスタイルが見られることが少なくない。あるいは「人によく思われたい」一心から，相手の期待に合わせて振る舞うことにのみ目を奪われ，一種の過剰適応に陥って，自分は本当に何がしたいのかを忘却している人もいる。こうした患者の生き方を取り上げて発症との関わりを吟味しておくのである。患者が自らの生活スタイルを多少なりとも緩め，とらわれのない生き方が実現できるよう援助することが終結のテーマである。

3. 薬の漸減中止に伴う不安を扱う

不安症の症状は投薬の中止によって高率に再燃することが知られている。こうした事実には，薬理学的作用が中断されることの他に，心理的意味合いも潜んでいる。特に「薬によって不安（症状）を除去する」といった前提で治療が進んだ場合，患者は受け身の位置に留まり続けることになり，潜在的な無力感は根本的には手付かずのままにおかれる。こうした無力感が投薬中止→通院の終結を機に顕在化することが少なくないのである[6)]。先にも強調したように，患者が自らの治療に能動的，主体的に取り組むことが重要な所以である。

とはいえ，自らの生活を立て直そうと努めてきた患者においても，やはり服薬の中止はしばしば不安や症状の揺らぎをもたらすものである。したがって薬物療法を終結する場合には，一時的な不安（症状）の再燃は起こり得ることであり，また起こっても差し支えないことを伝えておくべきである。このときにも気分＝天気，不安＝雨といった比喩が有用である。「今は晴天が続いていますが，時には曇ったり雨が降ったりすることもあるでしょう」。そして，通り雨＝不安（症状）の再燃時にはどのような対処をするか，予め患者と打ち合わせておくのである。たとえば手持ちの薬を頓用する，あるいはすぐに服薬を再開せずしばらく待ってみる，不安のまま普段の行動に着手していくといった対処（先に述べた悪循環からの脱出のコツ）が考えられよう。

V．おわりに

本稿では，不安症群の患者に対する日常診療での精神療法的アプローチについて，筆者なりの進め方を解説した。その要点は，①症状ばかりでなく，患者の生活状況に目を向ける。原則として１回のセッションでは１つのエピソードを取り上げる。②病理性の剔出より，ささやかであれ患者のポジティブな行動や態度を見出し，そこに焦点を当てる。そのような建設的行動をさらに勢いづけるよう助言していく。③必要に応じて回復を阻害する悪循環を指摘し，修正を図る。④薬物を巡る対話を重視する，などであった。特に投薬とそれに伴う患者の不安を扱うことは，日常診療での精神療法において中心的なテーマの一つである。

ここで述べたアプローチは，結局のところ患者自身に潜在している自然治癒力（レジリアンス）を活性化させるという基本的観点に沿ったものであることを再度銘記して，稿を終えることにしたい。

文　献

1）中村敬：服薬に不安の強い患者への対応．精神科臨床サービス，2；494-496，2002.
2）中村敬：精神療法のポイント．上島国利，中根允文編：パニック障害治療のストラテジー．先端医学社，東京，p.118-128，2002.
3）中村敬：パニック障害・強迫性障害の心理教育：森田療法の観点から．日精協誌，32（6）；547-552，2013.
4）中村敬：精神療法にできないこと，できること．臨床精神病理，35；39-46，2014.
5）中村敬：日常診療における精神療法．精神療法，41（2）；148-149，2015.
6）中村敬：薬物療法に与える影響を知る．日本精神神経学会精神療法委員会編：臨床医のための精神科面接の基本．新興医学出版，東京，p.63-75，2015.
7）中村敬：神経症の初回面接．日本精神神経学会精神療法委員会編：臨床医のための精神科面接の基本．新興医学出版，東京，p.102-111，2015.

第7章

強迫症および関連症群への対応
——OCD 患者の面接について——

中尾智博　九州大学大学院医学研究院精神病態医学

I．はじめに

強迫症（強迫性障害，Obsessive-Compulsive Disorder，以下 OCD）は，強迫症状そのものも十分に特徴的だが，何よりこの疾患を特徴づけるのは，患者の思考や行動，あるいは会話や生活，その全てに強迫が溶けこんだようになっているということである。OCD 患者の行動規範は，あらゆる面で強迫の縛りを受けている。日常の診療や面接においてもその影響は大きく，病歴聴取や症状の把握，治療法の説明，治療の実施，至るところでそのこだわりの故に時間を要することになる。本来であれば，別に面接の枠を設けて，十分な時間をとって構造化された面接をすべきなのであるが，筆者も新患枠についてはOCD 専門外来を設けているものの，おそらく読者の皆さんもそうされているように，再来については一般の外来枠の中でなんとか時間をやりくりしながら，彼らの面接をしている状況である。

本稿では，筆者が日常的に行っている OCD の面接で，限られた時間の中で可能な限り治療効果を高めるために行っている工夫について記述したい。なお，筆者の精神療法のベースは行動療法にあるため，必然的に面接もその技法を多く援用したものになっていることをここに記しておく。

Ⅱ．初診

1．診察日までに

筆者の外来では，初診の患者については，受診までに本人や家族と連絡を取り，書類を送付し，あらかじめそれに記載してもらっている。自記式Y-BOCS（Yale-Brown Obsessive-Compulsive Scale）と言われる強迫症状のリストアップと重症度の自己評価を行うスケール，強迫症状のスクリーニングに用いるMOCI（Maudsley Obsessive Compulsive Inventory），他にうつや不安の自記式尺度などである。これらの評価尺度は，紹介状とともに本人の病状を事前に把握するのに役立つ。また，「現在お困りの症状は」「いつ頃から」「生活への影響は」といった短い質問用紙も準備し，こちらには自由記述をしてもらう。まさに強迫的にびっしりと書かれたもの，行動療法への期待を綴ったもの，短く一言程度のもの，悲観的なもの，書き殴ったようなもの，誤字脱字が多く知的な問題を感じさせるものなど十人十色であり，患者の様子をあれこれとイメージするのに役立つ。

2．診察を始める際に

診察を始める前，診察室に呼び入れるまでの様子にも注目する。声かけをしたときの反応，表情，家族とのやり取り，診察室での着席の様子などを見る。特に汚染恐怖の症状が強い患者は手袋をしていたり，手を中空に浮かせ，ドアに触れるのを避け，椅子に座るにも座面を凝視した後にごく浅く座るなど，症状の程度を推し量れる所作が多くみられる。また，過失の不安が強い患者は，不安そうに同行者に目で訴えることを繰り返し，財布などの大事なものを紛失することを気にしてであろうか，立ち上がっての移動の際に自分が座っていた場所を何度も目で追って確認している。

3. 診察中に

1）主訴を取り上げる～関係作りのはじめの一歩～

まず話題にするのは，主訴となっている事柄である。OCD患者の場合，多くは強迫症状そのものや，それによる生活障害が主訴となる。「手洗いが多い」「ものを汚く感じて触れない」「トイレや入浴に時間がかかる」「鍵や火元の確認が止められない」「人とぶつからなかったか，何度も振り返る」などである。しかし主訴はしばしば曖昧でもある。本人の言葉をもとにしつつ，「手洗いは，どのような場面で行うのですか？」「どのくらいの時間，どのようにして洗うのですか？」と，より具体的に聴いていく。主訴を掘り下げる作業を行いながら，患者の強迫症状がどのように成立しているかについて，治療者が具体的なイメージを持てるようにする。「ものに触れる度に手を洗っている」「外出から帰ると玄関で全ての服を脱ぎ，お風呂場へ直行する」「トイレで用を足すのに儀式化された手順があり，小であれば20分，大では2時間程度要する」などといったように，生活の状況が具体的にイメージできるように患者の行動を把握する。事前に記入してもらった自記式Y-BOCSなどを参照しながら，他の強迫症状（正確性・対称性へのこだわりや宗教的内容の強迫観念，ためこみなど）が存在しないかどうかにも留意する。さらに，「単に汚いと感じるだけですか，それとも汚れた結果，何らかの病気になることを心配していますか」と，症状に伴う最終的な心配の有無を尋ねる。そして，「もし強迫行為をしなければ，そのような心配ごとは，いったいどの程度の確率で起こると思いますか？」と尋ねる。これによって，患者本人が自分の症状を，本当はほとんど起こらないことと認識しているかどうか，不合理感や洞察の程度が確認できる。

主訴を詳しく尋ねることにはもう一つ大事な意味がある。OCD患者は症状を巡ってしばしば家族や周囲の人間と衝突を繰り返しており，そのような話はもううんざり，という空気の中で生活していることが多い。また，どれだけ話しても周りの人にはわかってもらえないのだ，という諦めの気持ちで過ごしていることもしばしばである。そのような気持ちで受診した際に，治療者がどれだけ丹念に患者本人の訴えを聴くかは，患者・治療者の良好な治療関係を築く上で大事な一歩なのである。同じ話の繰り返しとか，それはもうわかった，というような接し方は厳に慎み，この診察で新しい展開が始まるかも，という期待のようなものを，患者に持ってもらえるように努めるべきである。

2）生活歴と病歴を聴く

現在の症状をおおよそ把握したら，いつ頃から症状が始まったか，生活歴とともに遡っていく。この際に，発育発達の様子，小中高での学校生活などから ASD（自閉症スペクトラム障害）の併存や，tic（チック）の既往について，確認する。うつ病エピソードや不安障害の既往・併存についても確認する。OCD 患者はうつ病，不安症，発達障害，知的障害などを併存することが多く，これら併存症の程度によっては治療方針にも大きな影響が出るので，丁寧な病歴聴取が大事である。話を聴き進める中で，患者の思考の流れがスムースかどうか，情緒的な表出が自然になされているか，知的な構えに問題はないか，などについても十分に観察し，強迫以外の精神症状の現存がないかを見極める。

生活歴や病歴を聴きながら，家族関係や家庭，学校，職場での適応状況などについても尋ねていき，症状が生活に及ぼしている影響を経時的にかつマクロ的に掌握していく。強迫症状はさまざまな形で患者の生活に影響を及ぼす。10 代では強迫症状によって不登校を生じやすく，容易にひきこもりに至る。20 代以降は仕事や家事の能率を低下させ，しばしば休職や退職，家事不能の状態に陥る。強迫症状が持続した結果，本来患者や家族が思い描いていた生活には程遠い状態が生まれる。逆に言うと「強迫症状がなければどのような生活が送れるのか？」という問いが生まれる。生活歴を詳しく尋ねることは，後述する目標設定とともに，患者の治療への動機づけを大きく高める意味も持つのである。

3）疾患モデルについて説明する〜特に脳との関連から〜

主訴を聴くことから広げて症状全体の構成をつかみ，生活歴や病歴を聴きながら本疾患を有している患者の全体像をイメージできたら，それを本人にわかりやすく伝える。「この疾患はOCD（強迫性障害，強迫症）とよばれるものであり，精神疾患としては比較的頻度の高い病気である」こと，「もともとは神経症や不安障害とよばれていて，不安の対象は誰でも心配に思うようなことであるが，それが過剰になったために，生活にも支障が出ている状態である」こと，「強迫観念や強迫行為は自然には解消しにくく，治療をしないと慢性的に持続することが多い」ことなどを伝える。本人や家族が遺伝や育て方の影響を心配している場合，「関係がないわけではないがまだはっきりしたことはわかっておらず，原因を突き止めるよりもむしろ発症早期からの対応，治療が非常に大事である」ことを伝える。そして，これまでの本人，家族の苦労をいたわり，ぜひ治療を継続的に受けて頂きたいという考えを伝える。

実際，OCDの原因は多様であり，遺伝負因，生育環境，パーソナリティ，ストレス因などが複雑に絡み合って発症すると考えられる。しかし，筆者は初診時の説明においては，主には脳の神経回路の話と，学習行動理論を組み合わせて行うようにしている。例えば汚染恐怖であれば，「何らかのきっかけで“あるものを汚い”と感じるようになり，同時に不安や恐怖，嫌悪といった不快な感情を生じ，それを収めようとして一生懸命に手洗いをしますね。そうすると一時的には気持ちが楽になるので同じ場面では同じように行動する。そうすると次第に“そのものは（本当に）汚い”というように脳が間違った認識をするようになります。脳の中では，間違った認識と繰り返しの行動によって，前頭葉や基底核と呼ばれる部位の神経に連続的な発火現象が起きます。それが続くとどんどん汚いと感じる場面や状況は増えていって，よりいっそう手洗いを頻回に，長くしないと気が済まなくなってくるのです」といった具合である。

このような説明によって，患者に起こっていることは，間違った学習行

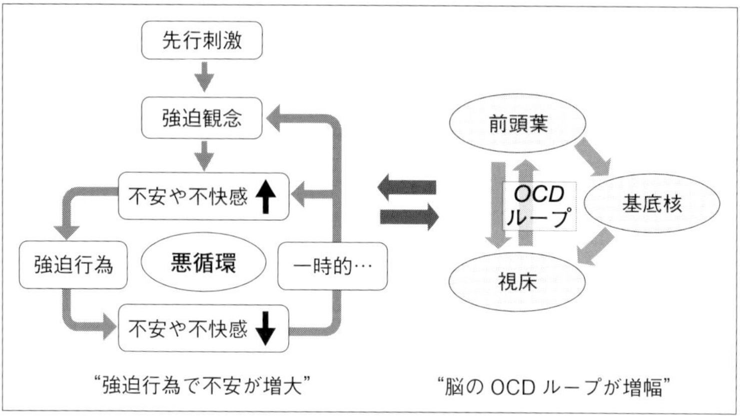

図1　OCDの症状と脳の関連

強迫行為を繰り返すことでむしろ不安が増加する。脳レベルでは強迫行為がエラーを引き起こし，OCD ループといわれる神経の連続発火が起きる。行動と脳，両者が相互に影響し強迫症状は増悪していく

動によって生じた脳レベルのエラーであるという疾患モデルを示すのである。この際，**図1**のようなシェーマを書いて，理解の助けにしている。さらに，行動療法による治療や薬物療法による治療は，このエラー状態を，行動，脳，それぞれのレベルで解消する働きがあることを説明する。症状に振り回されて生活が破綻し，こうなったのも育て方が悪い，いや甘え・わがままだと，時に激しく対立していた患者や家族も，このような説明によって，いったん休戦し，解決への希望を持ちやすくなると考えている。

4）治療について説明する

症状の成立過程について理解を得た上で，治療法について情報を提供する。大きく分けると精神療法と薬物療法があり，両者は対立するものではなく相補的に作用するものであることを伝える。その上で，どちらにより重点を置いて進めていくかは患者の気持ちを尊重しながら決める。

精神療法に関して，筆者の専門は行動療法であるので，自然とそこに軸

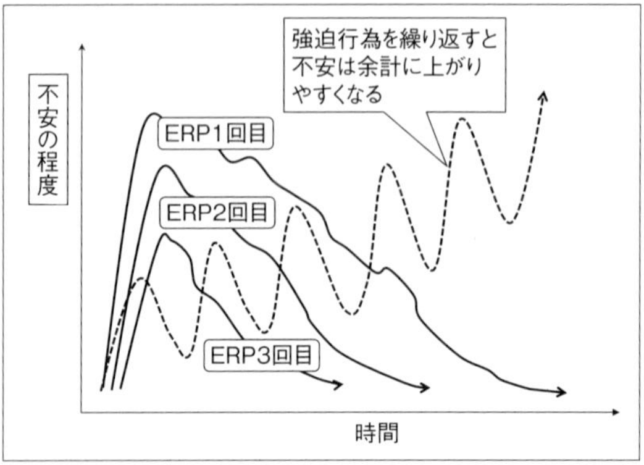

図 2　ERP の視覚的な説明

不安を下げようとしたはずの強迫行為は実は次第に不安を高めやすくしていく。一方の ERP は，あえて刺激対象に曝露し，強迫行為をせず不安が自然に下がるのを体験することで，セッションを繰り返すごとに不安の山は小さくなり，早く収束するようになる

足をおいたものになる。前項の学習行動理論に沿って，学習された不安を軽減するには，一定の手続きが必要であり，その代表的な方法としては曝露反応妨害法（Exposure and Relapse Prevention：ERP）があることを説明する。これは，不安や恐怖のために患者が避けている対象に，段階的に曝露し，その後に強迫行為をしないことにより不安が徐々に軽減することを繰り返し体験することで，学習された不安は消去されるというものである。ERP も，簡単な図（**図 2**）を書いて，「不安は，強迫行為をすればするほど逆に生じやすくなり，閾値が下がっていきます。ERP ではあえて不安を高めるような課題を行い，その際に強迫行為で不安をすぐ下げようとせず，その不安な状態をそのままにする練習をします。時間はかかりますが不安は必ず下がります。この体験を繰り返すことで，それまでひどく不安に感じていたものがだんだんと恐るるに足らないものになってくるのです」という具合に説明するようにしている。

薬物療法を中心に実施する場合でも，心理面のサポートが重要なことは言うまでもない。積極的な ERP を実施しないにせよ，「不安に立ち向かう」「迷ったら強迫行為はしないこと」など，強迫行為から脱却する行動選択を支持する。薬物療法の中心になると思われるSSRI（選択的セロトニン再取込阻害薬）には強迫に伴う不安やうつを和らげる効果があるので，まず薬物療法によってさしあたっての不安を取りのぞき，その後にあらためて強迫症状への処し方を話し合うことにしてもよいかと思う。

5）治療の目標を設定する

治療によって期待できる変化について説明する。強迫症状は直接的に患者の生活そのものに影響を与え，洗面，更衣，入浴，排泄，あるいは家事，外出，勉強，仕事，あらゆるものの能率を低下させている可能性がある。ここまでの面接で明らかになった患者の生活障害を話題にし，まず近い目標を一つ設定することにしている。それは例えば「お風呂に入る時間を1時間以内にする」とか，「確認の症状に打ち勝って毎日外出する」とか，である。この目標によって，治療への動機づけを高める。さらに，「もし強迫症状がなくなったらどういう生活を送りたいか？」についても話す。「大学に進みたい」「美容師の仕事をしたい」「結婚したい」などなど，今の生活ではイメージしにくい将来のビジョンについて，症状がなくなったらという仮定の下で話題にし，これから治療を頑張ることでそれらの目標がかなう，という希望を持ってもらうようにしている。

6）次回診察に向けて～ホームワークの設定～

より積極的な精神療法的介入についての合意が得られたら，次回以降の診察に向けて話をする。OCDを治していくには，まず自分の症状としっかり向き合うことが大事であることを説明し，患者本人と治療者が症状を十分に把握する必要があることを説明する。どのような場面で，どのような強迫症状が出ているかを，なるべく具体的に，記録をつけてきてもらうようにする。数回の診察で症状を十分に把握しつつ，それに基づいて不安階層表（**図3**）を作成し，ERPの実施へとつなげていく。不安階層表は，本人が不安を感じるものの程度を10段階程度の尺度で評価するものであ

100：	家の近所のゴミ出し・犬の糞を踏む
90：	残飯のそばに立つ
80：	病棟での食事　排水口を洗う
75：	汚物入れを触っても手を拭かない スカートは手で下げる
70：	男性とすれ違っても後ろを振り返らない
60：	ゴミを病棟のゴミ箱に捨てる
50：	食堂で食器を洗う
45：	浴槽での入浴
40：	シャワーでの入浴
35：	床を踏んでも靴下をかえない
30：	自分のゴミ箱にゴミを捨てる
10：	床のゴミを捨てる

図3　不安階層表の作成例（洗浄強迫タイプ）

る。治療を進めていく上で『強迫性障害の治療ガイド』[1)]は重宝するので，可能であれば購入してもらう。また，記録をつけていくために，ノートを1冊購入してもらうようにする。次回予約に関して，少なくとも治療初期の3ヵ月以内は1～2週間に1度，受診することを提案する。ここまで，筆者の新患診察にかける時間はおよそ50～60分程度である。時間内に不十分な部分があった場合は，2回目以降の診察で補完する。

Ⅲ．再診

1．前期：ホームワークによるERPの実施

治療初期は最もドロップアウトが起きやすい時期である。よく聞く言葉として，「(前の病院では) 薬だけの処方で，診察もすぐ終わったので，通院を続ける意味を感じなかった」というものがある。初診の項で示したように，治療初期にある程度の時間をかけて症状を聴き取り，疾患モデルや治療仮説を丁寧に示し治療関係を作れば，このようなドロップアウトの大部分は防げると感じている。再来での診察時間は，通常10～20分程度なので，その時間内で十分な治療的進展が起きるように心がける。筆者の場

合，OCD 患者の面接の主な話題は，やはり日常生活でいかに ERP を実施できているか，あるいは ERP 的な行動パターンを取れているか，という点になる。『強迫性障害の治療ガイド』を用いて，症状のメカニズムを図式化し，不安階層表を元に，曝露の対象物について情報を共有し，どのレベルから挑戦するかを，話し合いながら決めていく。例えば，0 ～ 100 のレベルで，ちょうど汚染度が 50 くらいのトイレのドアノブを対象と定めたら，「トイレのドアノブを両手でしっかりと握り，その手で携帯や頭，頬，体をまんべんなくぺたぺたと触る。その後，手を洗わずに過ごす」というように具体的な課題を作る。この課題を本当に実施できるか，可能であれば，外来のトイレなどを使って，練習を一緒にやってみる。その上で，この課題を毎日実施し，その成否を，不安感の経時変化とともに毎日記録し，次回の診察時に話題にする（**図 4**）。

診察場面だけのやりとりでは，どうしても診察と診察の間がブツ切れになってしまうが，記録を元にやりとりすることで診療が連続性を持ち，また，前回の診察から起きた出来事を効率よく振り返るのにも有効である。課題をほとんど支障なくこなせるようになったら，レベルを段階的に上げていく。当初は不可能と思えたような課題でも，初期の課題をクリアすると，最初感じたよりも不安の程度は軽くなっていて，克服可能なものと感じられるようになっているはずである。

病状によっては，課題の実行がなかなか困難な場合もある。「しようと思ったけど，怖くてできなかった」「1，2 回は取り組めたけど，続けるだけの気力が湧かなかった」など，いろいろなコメントがかえってくる。課題をしないことには話が進みません，と突き放すのではなく，まずは課題に取り組もうとした姿勢を称える。その上で，どういう理由でできなかったのか原因を一緒に考え，解決策を考える。初診時は薬物療法に否定的だった患者でも，数回の治療の後にその併用を希望することもある。また症状の程度が重たい場合や家族の巻き込みが強い場合などは，入院での ERP 実施を提案することもある。

【治療記録】

曝露の内容：
トイレのドアノブを両手でしっかりと握り、その手で顔や体、携帯電話をまんべんなくぺたぺたとさわる。

反応妨害の内容：
手を洗わずにそのまま過ごす。

経過時間	不安・不快感の程度（０～１００）	その時何をしていましたか？ 例：じっと座っていた、歩いていた、テレビを見ていた、思わず手を洗ってしまった、など。
曝露開始直後	７０	全体に気持ち悪い感じで、落ち着かない。
10 分後	７０	リビングで座っていた。
20 分後	６５	まだ座っていた。
30 分後	５０	ちょっと楽になり、テレビを見ていた。
1 時間後	３０	だいぶ楽になって、携帯を扱った。
1 時間半後	２０	あまり手のことを気にせずに過ごせていた。
2 時間後	１０	ほとんど気にならなくなって、本を読んでいた。
3 時間後	１０	不安０ではないけど、ほとんど気にせず普通に過ごせていた。
感想・反省など	曝露直後は手も顔も携帯も気になり、とても気持ちが悪く落ち着かなかったけど、徐々に楽になって、最後はほとんど気にななかった。	

図４　ERP ホームワークシートの記載例

ERP は，これまで本人が避けていたことに立ち向かう，不安や恐怖を克服する勇気を必要とする治療である。「とても大変な治療ではあるけど，この場面を乗り越えることで，これまでのような強迫でがんじがらめの生活から脱出できるのです。勇気を持って，一歩踏み出しましょう。大丈夫，応援しています。ひとつ，清水の舞台から飛び降りるつもりで頑張ってみませんか」といった言葉が，患者がERPを実行する上での最後のひと押しになるようである。

2. 後期：治療を日常生活に応用する

ERPによって強迫症状やそれに伴う不安をコントロールできるようになったら，徐々に面接の内容も日常生活そのものの話題中心にシフトしていく。家での生活，学校，仕事，それぞれの場面で，これまでにどのような強迫症状が出ていたか，ERP治療を行った今，それらの症状はどのようになっているか，話題にする。「これまでは行動の区切り目に必ず手を洗っていたけど，そういうことはしなくてもよいと思えるようになりました」など，本人から治療課題以外での変化についてのコメントが出たら，意識の変化を指摘し，その行動を支持する。最初は「○○では，～～した方がいいんですよね？」とこちらに尋ねてくることが多いと思われるが，診察場面での議論を重ねていけば，治療の進展とともに，次第に自ら適応的な行動選択をできるようになる。強迫症状のコントロールが十分についたら，生活相談，そして将来や人生相談のような面接になってくる。

Ⅳ. 終結

定型的なセッションであれば，40～60分のセッションを12～24回程度で，強迫症状の改善は可能であるが，ここで話題にしている日常診療ではなかなかその通りには行えない。初診以後の数回は30分前後の診療で症状を把握するとともに関係を作り，その後は10～20分程度の短時間診療の中で，ホームワークを有効に活用しながら日々の生活の中で緩やかな回復と適応を目指す。

ところで，この流れの中で，いつ診察を終えるかというのは，なかなかタイミングが難しい。筆者の患者離れが悪いのか，腕が悪いのか，その両方か，どうしても年余のつきあいになりがちである。言い訳めいたことを言えば，OCD はやはり難治性の部分があり，治療のモチベーションを高めて治療を進めていくのに時間を要することが多い。あるいは薬物療法の効果はあまり多くは期待できないので，再発予防の観点からも精神療法を中心とした面接による長期的なフォローが必要になることも多い。かっちりとしたプログラムとは別に，長いつきあいの中で，人生の様々なステージに立ち向かう患者に寄り添う，そのような役割を担えればと思っている。患者が学校を卒業し，就職し，結婚し，子どもができ，親になる。症状を乗り越えながら人生を送っていく患者に何がしかの支援ができれば，精神科医としては本望である。

V．おわりに

日常診療での OCD 患者の面接について，筆者なりの進め方を記した。志向する精神療法はそれぞれのやり方があると思うので，本稿では OCD の診療が，どのような雰囲気の中で実施されるか，そのエッセンスを感じて頂ければ幸いである。OCD の患者はどうしても面接に時間がかかりがちであるので，敬遠されている部分があるのかもしれないが，彼らのツボにうまくはまれば，他の疾患と比べても精神療法が及ぼす効果は大きく，やりがいのある治療と感じている。

文　献

1）飯倉康郎：強迫性障害の治療ガイド．二瓶社，大阪，1999.
2）飯倉康郎，芝田寿美男，中尾智博ほか：強迫性障害のための身につける行動療法．岩崎学術出版，東京，2012.
3）中尾智博：強迫性障害の行動療法．臨床精神医学，41（増）；261-268，2012.
4）中尾智博：大学病院での初回面接．日本精神神経学会精神療法委員会編：臨床医のための精神科面接の基本．新興医学，東京，p.112-120，2015.
5）中尾智博：外来継続診療が目指すもの．日本精神神経学会精神療法委員会編：臨床医のための精神科面接の基本．新興医学，東京，p.122-129，2015.
6）中尾智博：大学病院での私の行動療法．精神療法（増）；134-139，2015.

第8章

心的外傷およびストレス因関連障害群に対する短時間の精神療法

仁木啓介　ニキハーティーホスピタル

トラウマ（心的外傷）やストレス因子により，PTSD 症状や病的解離，パニック症状や過呼吸などの不安発作，恐怖症を背景とする引きこもりや対人コミュニケーションの障害，精神病様症状，身体化症状など，多彩な症状や状態が引き起こされ，社会生活活動に機能障害を及ぼす。また，背景に源家族の問題や不適切な養育，個人の様々な辛い出来事を抱えている人も多く，純粋な単回性のトラウマの患者は少数である。

筆者は，患者を診るために，精神分析，臨床催眠，EMDR（Eye Movement Desensitization and Reprocessing），SE（Somatic Experiencing），認知行動療法，家族療法，ブレインジム，TFT（Thought Field Therapy：思考場療法），BSP（Brainspotting），自我状態療法，などの心理療法を本格的に使用するが，それらのエッセンスを組み込む短時間の精神療法も行う。

薬物療法は，対症療法として効果がある。軽症ならば，時間経過と適切な対応で症状は軽減していく。しかし，心の傷は，消し去ることはできない。“フリーズドライ”のように何年経っても癒されることなく，心の中に残り続ける。トラウマエピソードから生み出された“否定的な認知”（私は悪い，私は醜い，私は愛されない，など）は，長期に患者を苦しめ続ける。そのため，心理療法を編み込んだ治療面接による，安定化とトラウマ処理，ストレス対処行動の獲得が投薬治療以上に重要となる。

Ⅰ．初診

筆者の勤務する病院では，精神保健福祉士が，現病歴や家族背景，主訴などについて情報収集を行い，その後，医師がその情報や紹介状を確認しながら診察をする。必要に応じて心理検査（トラウマインパクト尺度：IES-R，バウムテスト等）を行う。初診の診察時間は，30分から50分程度が割り当てられ，再診は，一般に10分程度に収めているが，患者の状態により時間は変動する。

1．診察環境と準備

“美味しい料理”を手短に提供するには，素材の吟味と入念な下ごしらえが必要である。トラウマを抱え，PTSD症状を呈している患者は，安全感を持てない場合が多い。身を守るために何かを回避したり，過覚醒状態を保つことで，周囲の刺激をトラウマと錯覚し，無意識的に臨戦態勢に身を置く。そのような人が，多くのハードルを乗り越え，やっと診察室にたどり着き，繋がろうとしているのである。筆者は，サバイバーである患者に対してまず，笑顔で「よくいらっしゃいました」と感謝を述べる。患者を診るために，物理的な環境にも配慮と工夫をしている。診察室は落ち着いた雰囲気が必要である。感覚過敏を示す人も多いため，音や雑音，部屋の照度や椅子の座り心地，診察室の備品にまで配慮する。涙を拭くためのティッシュボックス，膝掛けやクッション，何かのメタファーになるような置物も準備する。また，診察室のドアの内側には鏡面フィルムを貼り，患者が振り向くと，客観的に自分を確認できるように工夫している。その他，医師と患者，家族が座る位置関係を，必要に応じて調節できるように，スペースも確保している。筆者は，事前情報から“トラウマの発端となった人物”を投影されないように細心の注意を持って，患者を診察室に迎え入れる。はじめのボタンを掛け違えると，後々まで修正に苦労するため，物理的な部分だけではなく，心理的にも安心できるように配慮している。それは，性被害直後の女性患者に対して，男性医師が受け入れられるための準備でもある。患者が，診察室を安全な空間だと感じれば，ラポールも取りやすくなるし，通院も可能になる。さらに，男性が怖い患者にとって，男性医師が唯一の例外になれば，固着した患者の男性恐怖症も変化する。

2. 観察と情報収集

患者は，来院時より，多くの情報を発信する。患者がどのように待合室で待ち，誰に付き添われ，付き添い者との座る距離や，動作や歩き方，表情など，総合的に観察する。また，診察室に入室する順番や，診察室での座り方，付き添い者との位置関係などから関係性を判断する。身なりや化粧，服装は年齢相応か（生活の乱れや退行の有無），どのような持ち物（バッグなど）を持っていて，それをどこに置き（床，別の椅子，膝の上：防衛），置き方は乱暴ではないか，手をどこに置き，両足は地に着いているか，患者はどこを見ているのか，医師と目を合わせることができるか，落ち着いて座れるか（過緊張，発達の問題），患者の非言語的なメッセージと，患者が言語的に発する内容との食い違いや，発達上の問題をスクリーニングするヒントや，患者の治療に対するモチベーションの有無，患者自身の語れない問題の有無をチェックする。

3. ニーズの確認と状態のチェック

医師の質問への反応や返事の内容は的を得ているか，口調はどうか，ボディアクションや態度，表情，感情表出は適切か，過敏（感覚過敏含む）や無感情はないか，患者が語る時にはイメージと感覚どちらが優位なのか，生育歴では記憶が欠落している期間はないか，何かを避けたり，拘りや強迫性，恐怖症はないかなど，注意する。すでに得ている情報で，曖昧な部分はないか，フォーカスすべきエピソードや，本人の訴えが一貫しているかを確認する。筆者が患者に働きかけると同時に，付き添い者の表情や動きを見ることで，患者と付き添い者とのズレをチェックする。また，付き添い者が語る時には，逆に患者の仕草，表情から，同意否同意を読み取る。付き添い者の同席で診察を行った後，患者個人の診察を行い，最後に，付き添い者にも直接患者を前にして，言えなかったことがなかったかを確認しながら，付き添い者の反応も診る。医師としての見立てを，付き添い者に伝えることで，付き添い者とのラポールを構築する。付き添い者が，何らかの加害行為を行ったり，患者が付き添い者に対して妄想を持っている場合には，患者や付き添い者は，その場で話せないので，それぞれに確認が必要である。また，患者と付き添い者のニーズが異なる場合もあるので，治療目標についてもそれぞれに再確認を行う。また，付き添い者に話をする場合，患者の秘密を漏らしていると思われないように，立ち話程度で問題点について確認したり，患者の検査中に行うことが多い。解離症状を持つ患者では，患者自身が知らないエピソードが多々あるので，付き添い者からの情報は必要である。また，治療者が情報を得るために，患者と付き添い者に，気付いたことや，気になることを手紙やメモとして持参するように伝える。時に，患者や付き添い者が，医師を介してお互いを操作しようとすることがある。そのため，患者に関連するエピソードについて全員で共有し，さらに，問題への対処について協議し決定していく。

4. 安定化とラポール

成長発達の問題や養育上の問題から，対人コミュニケーションが上手くできない患者も少なくはない。二者関係では落ち着いた対応ができるが，三者関係になると，疎外感を感じたり，不安を抱いたりすることがある。そのため，筆者の治療原則として患者と１対１で行う。また，患者には，法律的な要請や命の緊急性を除いて，ここで語られることは，守秘義務が医師に発生するので，何でも話してもよいこと，自然と出てくる情動には，“ここ”では安心して出してよいと伝え，同時に心理療法や薬物療法についても治療契約を結ぶ。この丁寧な対応と契約は，ラポールを築く上で必要である。患者が主役で，医師が支え守るという基本姿勢は，患者に，診察室という安定できる“守られた場”を提供することになる。患者がこどもの場合，わかりやすく表現するが，大人と同等以上に丁寧に扱う。それは，患者をこどもとして扱うのではなく，こどもの患者として大切に扱うと，患者の退行も防ぐことができる。

5．治療面接

1）緊急性の確認

自殺の危険性と，トラウマエピソードが継続していないかをまず査定する。何らかの被害が継続中ならば，社会資源を活用しながら緊急介入するが，ここでは取り上げない。自殺の危険性があるようであれば，具体的な考えや，行動化したことがあるかをチェックする。また，それとなく患者の首や手首，足に傷がないかを会話しながら観察する。疑わしい場合には腱反射など神経学的な診察を行いつつ直接確認して，その場で対応する。自殺を考える患者は，将来に目を向けず，過去に囚われている場合が多い。そのため，患者が未来を想像したり，将来の目標を描けるかをチェックする。また，病気が治ったらどうしたいか，将来の夢は何かなど，患者の視点を未来に向けさせ，楽しい目標や達成感を喚起できるようなイベントをマイルストーンのように，未来に置く。

＜ところで，あなたの好きなバンドのコンサートはいつでした？＞

“自殺”という言葉は，扱いにくい。そこで，筆者は，＜あなたは，本当に死にたいのですか，もしかして，その出来事をなかったことにしたいのでは＞＜それともリセットしたい＞＜もしも，私が魔法の消しゴムを持っていて，その記憶をゴシゴシと消してしまったら，あなたは死ぬ必要がありますか？＞と働きかけ，“自殺”という言葉を他の言葉に置き換えることで，自殺を防止する。初診時，治療する条件として，“自殺しない”約束を取り付ける。治療者は，自傷行為と自殺未遂を混同せず区別する。自傷行為の中には“生きる”ために“切る”患者がいるからである。“自責の念”があり「自分の中に流れる汚い血を外に出したい」と思ったり，“血”を見ることで生きているのだと実感したり，切る痛みで“解離状態”から抜け出ようと試みる患者もいる。一般に解離状態で，自傷行為が行われることが多いので，解離対策により自傷を防止できる場合もある。しかし，命に関わらないと思われる自傷行為でもエスカレートしたり，死ぬつもりがないのに“うっかり死んでしまう”可能性もある。患者がどのような自傷行為を繰り返すのか，どんな状況で行うのか，に耳を傾ける。筆者は，自傷行為について“叱る”のではなく，“傷つく身体”を心配していると伝え，優しく気遣う姿勢をみせ，より安全な自傷行為に置き換えていく方策をとっている。また，「次回待っていますよ」と診察予約を取ることも，患者の“マイルストーン”になり自殺予防につながる。

2）主訴と患者のニーズ

患者の主訴とは別に，“語れない主訴”を裏に持つ場合がある。例えば，性被害を初対面の人に話すのは難しく，また回避や解離性健忘のために述べることができない場合もある。また，加害者が家族で，その加害者に付き添われて受診するケースも珍しくはない。家族や犯人から口止めされたり，本人が言いたくても言えない状況もある。あるケースでは，小学時代から不登校になり，中学高校で問題行動を繰り返し，難治な境界型人格障害として紹介された患者で，実は小学時代に，集団レイプに遭い，そのグループから呼び出され，繰り返し性被害を受けていた。家族は単に“娘は非行グループに入っていた”としか受け止めておらず，患者は脅されSOSすら出せず，筆者や家族に語ることができなかった。また，別のケースでは，「喋ると家族を殺す」と脅されていたケースもあった。筆者はその教訓から，患者が述べる様々なエピソードと，その時に患者が示す非言語的なメッセージとの食い違いを読み取り，患者の裏側に隠されたニーズを，推測し見いだしている。

3）二次外傷を最小限に留め，二次的外傷性ストレスを防ぐ

患者はトラウマエピソードを思い出したり，触れたりしたくない。事件では尚更なこと，警察や様々な機関で散々話をさせられ，再外傷も受けている。警察やその他の関連機関との連携が取れていれば，客観的な被害情報を得ることができ，被害状況の聴取は必要最小限に押さえられ，診察時間も短縮できる。しかし，被害の情報の提供がなければ，治療者は患者のトラウマ部分に深く触れることになる。適切な対応ができないと，治療者は，患者をさらに傷つける（二次外傷）。また，患者が語るリアルな内容により，治療者自身も間接的にトラウマに暴露し，感情が揺さぶられ，知らぬ間に傷つき，ダメージを受ける（二次的外傷性ストレス）。動揺し混乱した治療者が，よかれと思った咄嗟の言葉や態度で，患者をさらに傷つけないように，注意が必要である。治療者は，“ニュートラル”な気持ちで，常に患者に対応する術と，トラウマ自体の扱い方について訓練を受ける必要がある。患者にトラウマエピソードを語らせると，心の辛い部分にアクセスがかかり，抑えていたものが噴き出すので，その“蓋を閉める”術を持つ必要がある。治療者は，第三者的な視点で診療全体を眺め，患者を観察し安定化に導かなくてはならない。一方，治療者のメンタルケアは，言うまでもないが，患者に治療的対応をすることで，治療者自身の二次受傷を防ぐことができる。

4）トラウマを持った患者への初期対応

丁寧にラポールを築き，安心で安全だと感じてもらうことで，患者の安定化に繋げる。治療者の落ち着いた表情，動作，口調，声のトーンを含めた，どっしりと安定した対応は，心が揺れ動き混乱する患者にとって，目の前の治療者自身が，安定化のモデルとして取り込まれる。そのため，治

療者は，診察で動じないようにしなければならない。患者がどのように話し表現し，また，その背景や文脈にはどのようなものがあるのか，どんなものを避け，触れられないか，記憶の不連続性や欠落の有無，トラウマエピソードの前後比較で患者自身にどのような変化が生じたのか。そうして，どのような症状が発生し，トラウマエピソード以外に患者自身が抱えている問題はないか，患者の話を傾聴し，それらを探っていく。治療者は，否定的な言葉を避け，患者の語りを“切り取り”，フィードバックすることで，患者の変化と安定化に導いていく。激しい内容は，あえてその場ではスルーすることもあるし，患者がよい体験を語る場合には，その都度取り上げ，フィードバックしてリソースを強化し，徹底的に安定化を図る。トラウマを負った初期で，患者に明らかに非がない場合には，早急に“あなたは悪くはない”とはっきりと自責を否定すると，患者は“自責の念”から解放される。ショック状態の患者に，不適切な対応や働きかけをすると，その言葉や状態がまるで洗脳のようにインストールされ，患者は不安定な状態に陥っていく。「私が○○したから，そうなった」「私のせいで……」「私が悪い人間だから……」「私が，もし○○しなかったら……」と責めるのである。責任の所在をはっきりさせ，患者の“自責の念”を払拭できるかどうかは，その後の治療を大きく左右する。なぜなら，“自責”が残ると，患者は安心感や安全感を感じることができなくなるからである。また，そのような不適切な“自責の念”（否定的な認知）が固定してしまった場合，EMDR などのトラウマに対する専門的な心理療法が必要になる。

5）トラウマを持った患者への働きかけ

筆者は，まず，＜どうです？＞＜どんな問題がありますか？＞とオープンクエスチョンで漠然とした質問を投げかける。すると，今扱わねばならない部分へと，患者自身が誘導してくれる。患者がトラウマエピソードについて話し始める時，治療者は漫然と傾聴してはならない。患者は無理をして，麻痺を起こしながら話したり，突然，解離を起こし無反応になったり，フラッシュバックや除反応を起こすかもしれないからである。そこで治療者は，患者がトラウマエピソードについて現在形で話す場合には，過去形に“変換”して返すようにする。これは，患者のトラウマエピソード自体が終結しておらず，現在も続いているように感じている証拠でもある。治療者は，過去と現在にしっかりと，それとなく区切りを付けながら話を進めていく。

「私は，怖いんです」＜貴方は怖かったんですね＞

トラウマエピソードの語りが未完の状態で中断する場合には，きちんと完結させるように心掛ける。

「私は，被害に遭って……」＜そうして，貴方は生き残った＞＜そして，今ここにたどり着いたんですね＞

患者が，トラウマエピソードについて話し続ける場合には，筆者は一度に多くを語らせないように，エピソードの概要を細切れにして，少しずつ聞いていく。加えて，現在のエピソードを織り交ぜながら，過去と現在について，同時並行で語ってもらう。患者が，“今”にしっかりと戻るのを確認しながら，過去の問題を少しずつ切り分けて対処していく。それは，片足を現在にアンカリングさせることであり，解離やフラッシュバックや除反応を起こさせない方策である。

＜そうですか，ところで今日は，どなたと来られたのですか？＞「今日は，父親と……」

＜それでは，先ほど○○とおっしゃっていましたが，その後は，どうなりましたか？＞「あのあと，あいつが……」

＜ところで，食欲はありますか？　今日は何を食べられました？＞

さらに，トラウマエピソードについて，客観的に捉え，距離を置くように働きかける。

＜その場面をみると……＞＜今のあなたならば……＞

治療者は，丁寧にゆっくりと，これらの対応を行うと，患者が診察中に突然，過呼吸や除反応，フラッシュバック，さらには凍り付きへとシフトしていくのを抑えることができる。解離や麻痺を起こしやすい患者の場合には，今にしっかりと心を繫ぎ止めるために，“定位付け”を行う。

＜部屋の中のどれでもいいですから，目が見たい，よいものを３つ探してみてください＞

さらに，リソースに導き，感覚言語を織り交ぜながら安定化を丁寧に図る。

＜ゆっくりでいいですから，その柔らかい感じや，その優しい肌触りだったり，その暖かな色を見ていると，身体のどこでそれを感じるでしょうか？　そうしてそれは，どんな気持ちでしょうか？＞

治療者のガイドにより，問題なくトラウマに触れることができれば，患者は自信を得て，安定化への条件付けに繫がる。

6）頭で考えるものを，よりソマティック（身体）に

トラウマを解消していくには，リソースを十分に開発する必要がある。よい話・悪い話，リラックス・緊張など，陰と陽の間を神経リズムは振り子のように“行ったり来たり”する仕組みがある（ペンデュレーション）。治療者は，患者がよい話をしだしたと喜び，深追いして話を聞きすぎると，いつの間にかよい話は不快なものと繫がり，折角のリソースが悪い話に換わってしまうのである。

「ディズニーランドでミッキーに会えて嬉しかった……。でも帰りは車が混んで駐車場から出られなかった／でもお金を使いすぎた／でも家に帰ったらどっと疲れた」

治療者は，患者がよい話を始めた時に，そこを掴み，その場面の瞬間を切り取る。そうして，そのよかった瞬間に漂うと，身体のどの部分でそれを感じ，それがどのようによいのか，それで身体がどのように反応するのか，じっくり味わってもらう（トラッキング）。

「ミッキーに会えて嬉しかった……」＜あなたが，ミッキーを初めて見

た時，嬉しかったんですね，ドキドキしますね。今，それを身体のどこで感じますか？＞「胸です」＜それを少しだけ味わってください，どんな温度でしょうか？　それはどんな形で，色があるならばどんな色でしょうか？＞「暖かく，柔らかい丸で，ピンクです」

7）病態別の働き掛け方

PTSD には，再体験・過覚醒型（交感神経の緊張が強くフラッシュバックなどを起こす）と，解離型（解離，回避，麻痺症状を起こす）の 2 つのタイプがある。しかし，解離という側面で診ると，前者は一次解離，後者は二次解離に分類される。つまり，PTSD の治療には解離治療が含まれるため，患者の覚醒度を診ながらの対応が必要になる。患者は無意識に覚醒度を持ち上げるために，タバコやコーヒーが手放せないかもしれない。

そのため，解離傾向が強い患者には，“今ここ”をより意識しながら，働きかける。ティッシュペーパーを丸めてキャッチボールしたり，手をグーパーしてもらったり，前述した“定位付け”も行う。

トラウマを持ったこども（反応性愛着障害や脱抑制対人交流性障害を含む）に限らず，こどもは長時間，椅子に座り続けたり，長い時間の注意集中は困難である。そのため，短時間の断続的な働きかけを筆者は行う。話す内容も時間軸が前後して断片的な情報である。＜○○でしょ＞と断定的に働き掛けると，答えが違っても「うん」と答えてしまうので，働き掛けには注意が必要である。こどもと同じ高さの目線で，より笑顔をもって，短い単語で理解できるような言葉遣いを行う。時に，縫いぐるみや人形を介して働きかけることで，自己を投影した人形が，行動や言葉で答えてくれる。また，適度な距離感を保ち，こどもがその距離を近づけてくるのか，離れるのか，筆者はこどもとの距離を広げたり近づけたりして，反応をみる。また，養育者に働きかけながら，間接的にこどもの反応や関係性も観察する。こどもが診察室にものを持ち込んでくれると，精神療法を行うアイテムが増えるし，こどもの興味や状態を判断する糸口にもなる。その後，本格的なプレイセラピーや箱庭へと導入していく。当然，診察の中では，トラウマティックプレイのチェックや夜泣き，驚愕反応，悪夢，情動調整能力なども査定する。こどもの情動や動きが，活性化され過ぎないように注意もする。活性化されている場合には，診察の終盤にはクールダウンさせる。呼吸の仕方がわからないこどもも多いので，深呼吸を一緒に行い，安定化の条件付けを診察室でする。診察の終了には，治療者が出した縫いぐるみにお別れして，片付けることで，“収める”メタファーにする。養育者が同席する場合には，治療者の対応法をモデルとして示すのである。

Ⅱ．再診

筆者は，過去の患者像や状態をイメージとして記憶している。ドアを開けて患者が入室する瞬間から，前回と比較して，足し算・引き算をする。すると，よい部分と悪い部分がレリーフのように見えてくる。変化がなく，向上している場合には，診察時間は短くなる。筆者は，まず患者に＜どうです？／どうでしたか？／何か大きな変化がありましたか？＞と，曖昧に“オープンクエスチョン”を投げかける。すると，患者の中の問題点や気になるところに，治療者をダイレクトに導いてくれる。その後は，前回や今後の状態比較のために，紋切り型の質問を続け，変化をチェックする。特にトラウマ症状については，まずは事務的にあっさりと症状の有無と程度について聴取する。フラッシュバックなどについて，患者が深い内容を語り続けると，情動が不安定になり，他の現実的な問題を客観的に語れなくなるからである。これは，現在と過去を行ったり来たりしながらの対応なので，解離防止と，今に留まり話す訓練にもなる。さらに，治療者は，些細なよい変化やエピソードを見いだし，肯定しながら，それらに目が向き気付くように導いていく。また，今を 100 点満点で自己評価してもらい，プラス部分をフィードバックして強化し，マイナスポイントについては，患者と対策を練っていく。自己評価が低く，マイナス思考になりやすい場合には，<あなたが嬉しかったことか，楽しかったことを教えて>と筆者は唐突に質問する。そのイメージや感覚を刺激して，患者のリソースを開発するのである。“セルフエスティーム”が低い場合には，日々の生活の中で，小さなよかったことを見いださせ，朝起きて鏡に向かって自分を褒めるなどの課題を出す。投薬治療においては，抗不安薬の頓服をお守りとして，財布に 1 錠持ち歩くことで，安心感を持たせている。

Ⅲ．終結

投薬なしで，自己コントロールできるようになることが第一である。

PTSD の患者では，トラウマは処理できたが，その後，うつ状態が残存する人もいる。その場合，うつの治療にスイッチする。終結に向けて，受診の間隔を開けながら状態をチェックし，症状がなくなった場合，6 ヵ月後ぐらいにフォローアップで診察を行い終結する。しかし，トラウマエピソードの日時がはっきりしている場合，そのメモリアルな日の前後に，フォローアップ診察を付け加える。終結時には，何か不安や問題が起きたら，いつでも連絡するように伝えている。こどもの場合，卒業や入学，新学期などの区切りを利用する。新しい環境に移り，問題がないことを確認し，とりあえず終結するが，その後の夏休みや冬休みなどにフォローアップ診察を行う。

文　献

1) 仁木啓介：トラウマへのプレイセラピー，描画を利用した多面的アクセス．臨床描画研究，27；102-116，2012.
2) Peter, A.L., 藤原千恵子（訳）：心と身体をつなぐトラウマセラピー．雲母書房，東京，2008.

第9章

解離症群患者に対する治療的スタンス

野間俊一　京都大学大学院医学研究科脳病態生理学講座精神医学

Ⅰ．はじめに～解離症群をいかに理解するか～

解離症（解離性障害）の治療を論じるのは難しい。解離という現象が多様かつ浮動的であるため，体系的にとらえることが容易ではないということは，DSM 分類が版を重ねるごとにその下位分類や診断基準を修正していることからもうかがい知ることができる。また，症状によって現実の困難を結果的に回避している症例もあることから，解離と詐病の異同が議論されることも多い。さらに，患者は総じて被暗示性が強いため，解離症状が医原性に生じたのではないかという嫌疑がいつもつきまとう。現在では，解離症状そのものの存在を疑う臨床家は少なくなったものの，解離への理解はまだまだ千差万別である。そのため，臨床家間で十分にコンセンサスの得られた治療法というものもいまだ確立されていないが，経験の蓄積によって，少しずつ解離症患者への接し方のポイントが明らかになりつつある。

本稿では，現在提唱されている解離理解に加えて，筆者の経験から導かれた解離症患者に対する治療的スタンスを紹介する。そのためにも，まずは解離症をどのように理解すべきか，その病理構造の仮説を提示し，それに則った精神療法的アプローチの概説を試みたい。ちなみに，ここでは原則的にDSM-5[1]で採用されている訳語を用いるが，「dissociative identity disorder」はDSM-5での「解離性同一症」ではなく従来の「解離性同一性障害」の表記を採用する。これはあくまで患者の「同一性（identity）」が揺らぐ病態なのであって，「同一症」という日本語ではその意味を表すことができないと愚考するためである。

Ⅱ．解離症に対する臨床の基礎

1．解離症成立のメカニズム

DSM-5[1]によると，解離は「意識，記憶，同一性，情動，知覚，身体表象，運動制御，行動の正常な統合における破綻および／または不連続」と定義されている。

私たちはつねに外界を知覚し何らかの認識を得ているのだが，そのように主体が外界を認識する行為を「経験」と呼ぶことにしよう。すると解離は，「経験の統合性の破綻」と定義し直すことができる。もう少し詳しくみれば，瞬間瞬間において私という主体が外界をある“まとまり”をもって経験しており，時間経過の中では外界は“連続性”をもち，それを経験している主体もまた時間によって変わることのない“同一性”を保持していることが前提となっている。そして，同一性を保持した主体が連続性をもった外界をまとまりあるものとして“生き生きと”経験することによって，自然な経験が成り立っているのである。

つまり，経験が自然な統合的なものになるためには，①主体が同一性を保持しており，②外界が時間的連続性を有しており，③主体が外界を生き生きと経験している，ということが条件となる。これらの3要素のうち，①主体の同一性が失われれば「解離性同一性障害」となり，②外界の時間的連続性が失われれば「解離性健忘」となり，③主体の外界についての生き生きとした経験が失われれば「離人感・現実感消失症」となる（主体の自明性が失われたものが「離人感」であり，外界の生き生きした感覚が失われたものが「現実感消失」である)。この３つの病態は，DSM-5の解離症群の３つの下位疾患に相当する。

2. 解離性同一性障害の特徴

解離症の中でも最も複雑な病態である解離性同一性障害は，DSM-5[1]では「2つまたはそれ以上の，他とはっきりと区別されるパーソナリティ状態によって特徴づけられた同一性の破綻」と定義されている。ここでいう「パーソナリティ状態」とは，いわゆる「交代人格」のことであるが，けっして本人とはまったく無縁の別人格が出てくるわけではなく，あくまで本人の隠された一面であるため，近年では「人格部分」[5]と呼ばれることが多い。

人格部分のうち，元来の患者自身であるものを「オリジナル（基本）人格部分」，中心的に活動しているものを「主人格部分」と呼ぶ。人格部分は，子どもであったり，攻撃的であったり，冷静沈着であったり，保護的であったりといろいろな性格傾向をもつが，個性がはっきりしていることが特徴である。子ども人格部分は寂しさを，攻撃的人格部分は怒りを体現していると見なしうるように，それぞれの人格部分はある特定の感情状態を担っている。このことから人格交代とは，「ある強い感情をその人自身が受けとめきれないときに，他の人格部分が現れてその感情を引き受ける現象」だと理解することができる。

各人格部分は互いの状態をまったく知らないこともあれば，ある人格部分が一方向的に別の人格部分の行動や思考を認識していることもあるし，複数の人格部分が互いの状態をゆるやかに知っていることもある。

3. 解離症の病因論

先に，解離とは「経験の統合性の破綻」であると説明した。これを言い換えれば，本人がある経験を自分のものとして生き生きと感じられない，つまり経験の主体性が曖昧な状態である。ある出来事を生き生きと経験することは不安や恐怖に結びつくために，それを回避したり，あるいは恐怖のために混乱したりするのが解離症状だと理解することができる。

例えば，つらい出来事に遭遇すれば，その出来事を自分ではない他の人格部分が経験していることにするか（解離性同一性障害），その出来事自体忘れてしまうか（解離性健忘），その出来事の実感を失くすか（離人感・現実感消失症）のいずれかによって，その出来事の記憶に伴うつらさを無意識的に回避しようとすることは，容易に想像できる。何らかの理由から日々の生活に安心感をもつことができず，外界からの刺激に過敏に反応してつねに怯えているような場合には，特定の刺激に対して解離症状が生じるのである。

このように解離症患者は，心理的な守りが薄く外界に対して警戒しながら生きていると理解することができる。このことは，かつてヒステリーにあるとされた「疾病利得」という概念を想起させるが，この概念は，患者が苦痛な状況から「意識的に逃げようと」しているため「厳しく対応すべき」である，といった誤解を導き出す危険性があるため注意が必要である。症状を悪化あるいは持続させるような漫然とした過剰な保護的対応は避けなければならないが，患者の守りの薄さに配慮した適切な環境整備はぜひ考慮すべきである。

解離という心理機制は，心理的課題を葛藤レベルで保持することができないために生じるものであるから，病態水準はいわゆる神経症より深いと考え，治療の中で安易な解釈や直面化は避けるべきである。患者が生きることに対して安心感をもって前向きになれるよう，時間をかけて支援していくことが治療の軸となる。

4. 解離症と外傷体験

解離症患者に心的外傷体験の既往が多いことが報告されている。とくに解離性同一性障害患者には性的外傷体験の既往が相対的に多く，解離性健忘患者では現実的なストレス状況がある場合が多いことは念頭に置く必要がある。

ただし，明らかな外傷体験が見つからない解離症も少なくない。一般にある苦痛な出来事が後々まで外傷性をもつためには，①出来事のもつ苦痛が高度であること（誘因），②外的刺激に対する脆弱性があること（素因），③その出来事の苦痛を和らげる保護的環境を欠いていること（環境因），のいずれかを満たすことが必要である。一般に，①出来事そのもののもつ外傷性に注意が向きがちだが，自閉症傾向や知的障害などは②外的刺激に対する脆弱性が高いし，③不安定な生活環境のため心的ストレスを生じやすいこともありうる。解離の背景として，つねにこれらの3つの因子に留意するべきである。

Ⅲ．解離症群外来の初診

1．病歴聴取の際のスタンス

解離症患者の大きな特徴は，①陳述が曖昧であること，②報告する内容と感情に乖離が見られること，③警戒心が強いこと，である。これらのために事実を把握しづらいだけではなく，通常の診察で行われるような患者の感情に沿って経緯を了解することが難しい。このことは，解離症自体が経験の主体性が曖昧になる疾患であることからも理解できる。初診では正確な情報収集に拘泥せず，大まかに病態を評価し治療関係を構築することに集中する。

解離症患者が病院を訪れるとき，「自分の訴えは医者に信じてもらえるのか」という不安と警戒心から，恐る恐る話し始めることが多い。投げやりで治療に協力的でなかったり，攻撃的挑発的だったりと，治療者に陰性感情を向けることも少なくない。これは，治療者がどこまで患者を脅かすことなく真剣に向かい合ってくれるかを，無意識的に試している態度とも考えられる。したがって，解離性症状を主訴として来院した患者に対しては，効率的な情報聴取のために次々と質問するような尋問調の慌ただしい対応は避け，良好な関係構築を優先して患者の訴えを真摯に受け止めつつ穏やかな口調を心がける。一方，過度に共感的な態度や腫れものに触るかのような慎重すぎる態度も，患者を不安にさせ心理的に退行させる危険があるため避けるべきである。適切に対応できた場合，診察の最後には患者が穏やかに打ち解けることも少なくない。

病歴を聴取しようとしても，患者の記憶の時間関係が曖昧だったり記憶が欠損していたりするため，診察がスムーズに進まないことが多い。曖昧な部分をあえて詳細を思い出してもらうことはせず，かといって自由に話してもらうとまとまりを欠くことがあるため，うまく質問で誘導しながら全体像を構築していく。診察医が欲しい情報が得られない場合は，その点に患者の抵抗があり，症状形成にとって重要な問題が隠れている可能性があるため，そのこともカルテに記載しておく。

家族や知人同伴で受診した際は，経過の概要を把握した段階で，可能なら同伴者に診察室外に出てもらい，患者と１対１で診察する時間を設ける。同伴者の前では退行的であっても１対１になるとしっかりと治療の相談ができることがある。ただし，本人の対人緊張が強く同伴者が出ていくことに不安を示せば，無理はすべきではない。

余裕をもった診察が望まれるため，診察にかける時間はできれば１時間，短くても30分は確保したいところである。

2. 解離症状の評価

解離が疑われれば，語られていない解離症状の有無を確認することで，ストレス状況における一過性の解離症状か，持続的な解離症なのかを評価する。

解離症状の評価尺度としては，解離体験尺度（Dissociative Experience Scale：DES）[3] が最もよく用いられる。28項目の簡便な検査法ではあるが，不安の強い初診時にいきなりこの検査を行うのは不自然で患者の警戒心を強める可能性もある。そこで，自然な問診の中でDESの内容を尋ね

表1　解離症状の分類と問診方法

症状	問診の仕方の例
離隔症状	
現実感喪失	「周囲の景色が夢でも見ているように感じることがありますか」 「出会う人や目の前のものが現実のものではないように感じることがありますか」
離人感	「自分がここにいるという実感がもてないことがありますか」 「景色がテレビか映画でも見ているように感じることがありますか」 「自分の身体が自分のものでないように感じることがありますか」 「自分の行動を冷静に見ているもう1人の自分を感じることはありますか」
体外離脱体験	「自分の魂が身体から抜けて外から自分自身を見ているような体験をすることがありますか」
気配過敏	「誰もいないはずなのに誰かに見られていると感じることはありますか」
幻聴	「誰もいないはずなのに人の気配を感じることはありますか」 「誰もいないはずなのに物音や人の声が聞こえることはありますか」
区画化症状	
健忘	「数時間あるいは数日間自分が何をしていたかまったく思い出せないことがありますか」
遁走	「知らないあいだに遠くの場所にいたという経験をしたことがありますか」
人格交代	「まったく記憶にないことをしていたと周囲の人から言われることがありますか」 「別人みたいだったと周囲の人から言われることがありますか」 「知らないうちに部屋の中の物が移動していたり身に覚えのない物があったりすることがありますか」

るのがよいだろう。

解離症状を整理する際に，「離隔（detachment）」と「区画化（compartmentalization）」[4] の概念が有用である。今現在明晰で安定した意識状態を保持できていない現象が「離隔」であり，時間経過の中で意識の連続性が保持できず，異なる状態に変化する現象を「区画化」と呼ぶ。それぞれの解離症状と，確認する際の尋ね方の例を**表1**に挙げる。

比較的ありふれた体験から特殊な体験へ，同種の体験はまとめてより自然に尋ねるため，表1の上から順に質問するとよい。体外離脱体験は，質問しないとほとんど語られないが実際には経験している解離症患者は少なくないため，診断のためには重要な情報である。病的な解離症状が複数あれば，持続的な解離症である可能性が高い。

3. 生育歴・生活歴の聴取

解離症が疑われた場合，過去に外傷体験があったり愛着形成に問題があったりすることが少なくないため，可能な範囲で生育歴や生活歴を聴取しておく。幼少時の家族構成や各家族構成員の人柄なども尋ねる。幼少期の家庭状況を想起するだけで外傷の再体験になる危険もあるため，言い淀むようなことがあれば無理には確認しない。

重大な外傷体験や虐待体験が語られた場合，一通りの経緯は聴取しておくが，初診時にはその内容をあまり深めない。解離症患者は無防備に過去のつらい体験を打ち明けることがあるが，初診時にまだよく知らない医師にこれまで秘めてきた体験内容を次々に話す場合，そのことを語る行為自体が解離による可能性があり，のちに語ったこと自体を外傷と感じることもありうる。「追々話を聞かせてください」と伝えて，うまく話を終えることも必要である。

過去の外傷体験や愛着の問題の存在が疑われれば，フラッシュバックや対人ストレスへの対処法としてアルコール，薬物，買物，ギャンブルへの依存が見られることや，過食や自傷行為が習慣化していることがあるため，それらの有無を確認しておく。

4. 鑑別診断

まず，解離症はさまざまな疾患に合併しうることを理解しておく必要がある。

社交不安症，パニック症，摂食障害などの神経症，心身症を主訴として来院した場合，往々にして解離症が隠れているため，診察時の印象として上述の解離症の特徴があれば解離症状を可能な範囲で確認しておく。解離症が合併していれば，まずベースに解離の問題があり，不安症状や食行動異常は解離症状から二次的に派生したものである可能性が高い。

解離症患者は自傷など衝動行為を示すことが多く，境界性パーソナリティ障害との鑑別が問題になる。解離症患者は日々の苦悩を直接的に治療者に訴えることが少ないのに対して，境界性パーソナリティ障害患者では強く訴えてくるというように，周囲の他者との距離のとり方が大きく異なるが，初診の段階でこのことを判別することは実際には難しい。ただし，解離症患者の病態水準がパーソナリティ障害と同等であることが多いことや，実際に解離症と境界性パーソナリティ障害との合併が少なからず見られることから，両者の鑑別に拘泥することはあまり治療的ではない。

幻聴がある場合，統合失調症と鑑別することが重要である。「解離症は声が頭の中で響くのに対して統合失調症は声が外部から聞こえる」とかつては言われていたが，実際にはさまざまなタイプがあるため，症状だけで明確に区別することは困難である。幻聴体験全体に目を向ければ，解離症患者の幻聴は本人のもつ自己否定感情がそのまま外在化され声として聞こえているとの理解ができるのに対して，統合失調症の場合には体験内容は本人の生活歴と直接結びつくものではなく，迫害してくる他者が抽象的だったり大きな組織だったりと自己存在そのものを脅かされる体験の一部として被害的幻聴が生じていると考えられる。幻聴も初診時に正確に鑑別するのは容易ではないが，しばらく通院すれば，解離症患者には統合失調症患者のような常同性や固さは見られず，豊かな情緒的交流が可能であることがわかるため，多くの場合鑑別診断はそれほど困難ではない。

5. 見立てと今後の治療の説明

解離症が疑われれば，本人や家族には「心の守りが薄くなっていろいろな刺激をつらく感じるため，自分の隠れていた部分が表に出てきたり，記憶が飛んだり，現実感がなくなったりする病気」という説明を行う。「重症の精神病ではなく心理的な反応なので悲観的に考える必要はない」ことや，「あくまで無意識につらい状況を自分なりに対処しようとしている状態であり，わざとそのように振る舞っているわけではない」ということを，本人にも同伴者にもしっかり伝えておく。

通院は，症状が激しければ毎週，まずまず落ち着いていても２，３週ごとの頻度で行うことが望ましい。ちなみに，投薬はあくまで補助であり，無投薬で経過を見ることができる症例は少なくない。投薬する場合，症状に応じて抗うつ薬や気分安定薬，少量の抗精神病薬を用い，意識レベルを下げる危険のある抗不安薬はできるだけ使わない。

Ⅳ．解離症群外来の再診

1．単一の解離エピソードの場合

単一エピソードとしての一過性健忘，遁走，離人感を訴える患者の場合，現在の生活の中に誘因があったことが推測される。まず，ストレス因になっている可能性のある仕事や学校を休ませ，十分に安心感が生じるまで心理的に負荷のない生活を確保した上で，徐々にこの間の生活を振り返る。あえて生活歴，生育歴に踏み込まず，現状を分析して転職や転居など生活環境の修正の可能性を模索することで，症状が消失する場合も多い。もちろん，その後も同様の症状を繰り返す場合には，本人のもつ病理性に踏み込む必要がある。

2．慢性的に解離症状が持続する場合

離人感が持続したり健忘症状を反復したりする場合は，病因として過去の外傷体験，ストレスへの脆弱性，不安定な生活環境のいずれかが存在している可能性がある。治療は大きく３期に分けることができる。

治療開始直後の第１期では，対人的な不安感あるいは不信感が強いため，外来通院での最初の目標は安定した治療関係の構築である。「話せる

範囲で少しずつ様子を聞かせてほしい」と伝え，治療医は患者の生活全般に関心を向ける。具体的な指示は高圧的に感じられる可能性があるため，アドバイスは控えめに提案するに留める。

視線が合う頻度が増え自然な会話が増えてくると，解離を積極的に取り扱う第２期に入る。まずは過去を少しずつ振り返る作業を行うが，もちろん目的は原因追求ではなく患者の心の整理である。

患者が過去の外傷体験を話題にした場合は，その話題を短時間でも必ずその場で取り上げる。患者は一般に，この話題を出すことに躊躇して診察終了時に話し出すことが多いが，その場合はいつもより少し長めの診察になることはやむを得ない。ただし，外傷体験の話題を終えたあと，話しにくい内容を話してもらったことを労った上で，数分間職場や学校，体調などの現実生活の話をすることによって外傷についての話題を“閉じる”作業を忘れてはならない。どうしても時間がとれない場合は，「その話題はとても大事なのだけれど，話す時間がどうしてもとれないので，次回ぜひ話しましょう」と伝え，治療者がそのことを大事に考えていることを患者に伝える。

過去に外傷体験があると判明した場合でも，通常の精神科外来でこの問題を積極的に扱うことは難しい。ただし，一般に十分時間を確保された心理療法場面でも解離症状を呈する心的外傷後ストレス障害の暴露療法はかなりの技術を要する。外傷体験を暴露的に取り上げる必要はなく，本人から話題に上げられるたびに少しずつ一緒に振り返る作業をしていくことが，十分治療的である。

第２期では病因へのアプローチと併行して，解離症状がどのような状況で生じるのかの分析を少しずつ行う。可能ならば，ノートに解離症状とその日の出来事の記録をつけてもらう自己モニタリングによって，解離症状のコントロールを目指す。これによって認知行動療法的に解離が減るかといえば必ずしもうまくはいかないが，自分の状態を客観的に把握することで，主体性が曖昧な解離的な状態を脱して自己効力感を取り戻すことは期待できる。

第3期では社会適応を目指す。解離症状は多少残存することが多いが，症状の頻度や程度が軽減され社会適応性が向上すれば，治療目標はある程度達成されたと考える。この段階では，現実生活の話題が中心になる。

3. 解離性同一性障害の外来治療の留意点

解離性同一性障害では，オリジナル以外の人格部分を消去あるいは統合することが治療であるという考え方が一般に知られており，患者自身や家族も攻撃的で破壊的な人格部分を消したいと訴えることが多い。しかし，人格部分はあくまでこれまで生きられなかった本人の一側面であるため，治療者はその人格部分を否定するべきではない。

とくに攻撃的な人格部分は，本人が最も整理のできていない外傷体験と関連していることが多く，非常に重要である。攻撃的な人格部分が治療場面に現れれば，それは治療医への信頼感が生じてきたためかもしれず，ここは治療的に重要な局面である。その人格部分を否定せず，つらさを労い，しっかりと向き合って話すことができれば，次第に攻撃性が減弱することが多い。

解離性同一性障害の治療では，交代する人格部分が消えなくても，社会活動がそれほど障害されず安定することを目指すのが現実的である。治療がうまく進めば，各人格部分の個性が薄れて目立たなくなり，また表に出る人格部分の数が減ってくる形で安定してくる。実際に，治療がうまく進み，状態が落ち着いても，数人の人格部分が残存することが多い。

人格交代が激しく，診察時にこの間の様子を確認することが困難な場合は，日記をつける方法がある。それを書く人格部分によって，口調はもちろん筆跡も異なることが多い。診察時に日記を読み返すことで，各人格部分間で情報を共有し，自分の知らない自分がどのようなことを考えて何をしているのかに気づくことは重要である。

記録させることは各人格部分の存在を認めることになり，人格交代を助長するのではないかという懸念もありそうだが，実際にはそのようなことはあまり生じない。同様の議論で，患者が名づけた人格部分の名前を呼ぶのは人格部分の固定を促すという意見もあるが，やはり必ずしもそうではない。逆に，人格部分の存在をしっかりと認めてそれぞれの人格部分と向かい合うことは，患者本人が自分の内面に気づくきっかけにもなる。もっとも，治療者の側から治療の流れを無視して他の人格部分を呼び出すようなことをすれば，医原性に人格交代を誘発する危険がある[2)]。

人格交代が目立たなくなってくると，一般に感情が豊かになる。よく泣くようになるし，患者によっては外傷体験場面のフラッシュバックに悩まされることもあり，一見状態が悪化したように見えるが，これは患者が解離という手段を手放し，強い感情を引き受けつつある段階である。この時期に，患者のつらさを受容し，今現在の安全は確保されていることを保証する対応のなかで，徐々に気分が安定してくる。この時期を過ぎると，診察場面では現実の話題が多くなる。

V．解離症群外来の終結

一過性の解離の場合は，治療の終結を慌てないことが重要である。解離が生じた背景についての吟味が不十分なまま，患者自身が「もう大丈夫」と思ってしまうならば，まだ解離機制が働いている可能性が高い。治療者との間で十分に現実を吟味し安全が確保できれば，いつでも再受診できることを保証しつつ終結を迎えることは可能である。

持続性の解離の場合は，解離という心理機制が本人のコーピング手段になってしまっているため，年単位の支援が必要となる。一時期解離が消失しても，ストレス状況において再び解離が生じる可能性は否定できない。

長く解離症状が持続している場合，とくに解離性同一性障害の場合は，治療の終結というものを具体的にイメージしない方が治療的である。解離症患者は人に対する信頼感の希薄さのため自ら助けを求めない傾向があり，必要があってもなかなか本人が再受診しない可能性があるからである。状態が安定すれば受診間隔をあけていき，終結を話題にするのはよほどの条件が揃ったときだけにする。終結の際には，悪化時の再受診のしやすさを保証することが大事である。

Ⅵ．おわりに

解離症患者は，生じている問題と本人の訴えに乖離があることから，治療に特有のスタンスが要求されることは事実である。それでも，治療者とのやりとりに敏感に反応し治療者との関係性において治療が動くことを考えれば，力動的な視点をもった精神療法を行うことのできる，ある意味で精神科医の本領を発揮できる疾患でもある。症状の不可解さに臆することなく，時間をかけ真摯に向き合うことが，最も治療的なスタンスといえるだろう。

文　献

1）American Psychiatric Association: Diagnostic and Statistical Manual of Mental Disorders, Fifth Edition（DSM-5）. American Psychiatric Publishing, Arlington, VA, 2013.（高橋三郎，大野裕監訳：DSM-5 精神疾患の診断・統計マニュアル．医学書院，東京，2014.）

2）岡野憲一郎：解離新時代：脳科学，愛着，精神分析との融合．岩崎学術出版，東京，2015.

3）Putnam, F.W.: Dissociation in Children and Adoloscentes. A Developmental Perspective. Guilford Press, New York, 1997.（中井久夫訳：解離：若年期における病理と治療．みすず書房，東京，2001.）

4）柴山雅俊：解離性障害：「うしろに誰かがいる」の精神病理．筑摩書房，東京，2007.

5）van der Hart, O., Nijenhuis, E.R.S., Steele, K.: The Haunted Self. Structural Dissociation and The Treatment of Chronic Traumatization. W.W. Norton & Company, New York, 2006.（野間俊一，岡野憲一郎監訳：構造的解離：慢性外傷の理論と治療上巻（基本概念編）．星和書店，東京，2011.）

第10章

身体症状症および関連症状群に対する精神療法的関わり

塩路理恵子　東京慈恵会医科大学精神医学講座
東京慈恵会医科大学森田療法センター

Ⅰ．はじめに

DSM-Ⅳの身体表現性障害の再編成をもとにDSM-5では身体症状症および関連症群 Somatic Symptom and Related Disorders として再概念化された。この診断基準では，身体症状に対して医学的説明ができないことよりむしろ陽性の症状および徴候（苦痛を伴う身体症状に加えて，そうした症状に対する反応としての異常な思考，感情，および行動）に基づく診断が強調されている。具体的には基準 A．1つまたはそれ以上の，苦痛を伴う，または日常生活に意味のある混乱を引き起こす身体症状，B．身体症状，またはそれに伴う健康への懸念に関連した過度な思考，感情，または行動（1．自分の症状の深刻さについての不釣合いかつ持続する思考，2．健康または症状についての持続する強い不安，3．これらの症状または健康への懸念に費やされる過度の時間と労力）から診断される。

一方森田は，身体の不調や違和感，不快な感覚に対して不安な注意を向けることで，ますます感覚も鋭敏となり，注意と感覚の悪循環が起こり身体の不調にとらわれることを指摘した。さらにその背後に「仕事や勉強をやり遂げるためには体調を万全にしておきたい」「健康でありたい」という健康に対する欲求を読み取っている[3, 4, 5, 7)]。

本稿では身体症状症に対する日常診療の中での精神療法的な関わりについて考える。森田療法の知恵を取り入れてはいるが，それに限定したものではなく，いわゆる一般診療での再診では 10 分程度の診療でのやり取りを前提としている。なお症例提示に当たってはプライバシー保護のため，症例の本質を変えない範囲で改変を加えている。

Ⅱ．初診から初期治療

1．初診の位置づけ

身体症状症の診療では，他の診断と同じく，あるいはそれ以上に初診の位置づけは大きい。ことに身体症状症では他の診療科や他の医療機関を経て精神科を受診するケースも多く，受診までに治療あるいは医療に対してさまざまな予期が作られている場合が多い。また，自ら希望しての受診，他の医療機関からの勧め，家族の勧めなど受療動機・受療経路もさまざまである。初診時の病歴聴取が不十分だったり，受診にまつわる体験を治療者患者間で共有しないまま進めてしまうと，2 回目以降の受診がないままの中断，あるいは治療者患者間で「ボタンを掛け違えたまま」の診療の継続になってしまうことが，他の病態以上に起こり得る。

【症例 A】40 代女性，主婦

【主訴】手足のピリピリしたような痛み，動悸，脈の飛ぶような感じ

【現病】5 年くらい前から，脈の飛ぶ感じ，動悸，頭痛，喉の違和感，排尿時の違和感，などさまざまな身体の不調が現れるようになった。何か大きな病気ではないかと不安になって病院に行くが，特に検査では異常は見られなかった。その都度安心はするのだが，また別のところの身体症状が現れ，その部位の病気のことが心配になり，いくつかの病院にかかることを繰り返していた。気になる身体の部位はその都度異なっている。緊張

性頭痛と診断されたとき，内科でetizolamを頓用で処方されている。映画に行くときや電車に乗る前に自分で怖いな，と思うと服用していた。数ヵ月前からふとしたときに手足にピリピリするような痛みを自覚するようになった。強い痛みではないので，何かに夢中になっているときは忘れている。神経内科を含めた内科，整形外科などを受診し，何軒目かに受診した内科で精神科受診を勧められ，当科を受診した。精神科受診にもかなり緊張していたという。一方で「これだけ調べても何もないということは，やはりメンタルなものなのかな」という気持ちもあり，受診に抵抗はなかった。

「ストレスはあるといっても，今はたいしたものではないので，やはり何か大きな病気が隠れているのではないか」という不安がある。「嫁姑の問題はあるが，10年前のほうがずっと大変だった。今は負担はずっと減っているはずなのに」と話す。最低限の家事をすることと病院に行くことが中心の生活になっており，「もともと出かけるのが大好きで活発だった。今の自分は自分らしくない」という。

【性格】心配性。子供の頃から物音がすると起きてしまうなど神経質なところがあった。人付き合いは好き，「たぶん頑張り屋」。

【生活歴】大学卒業後5年間事務職として勤務。大学時代や会社員の頃は少しでも休みが取れると海外旅行に出かけるなど活発だった。20代後半で結婚，1児をもうけた。30代半ばに夫の実家近くに転居している。

2. 症状，経過，患者がどのように対応してきたかを具体的に尋ねる

初診においては，どの診断でも共通のことだが，まず行うのが症状の内容や経過を丁寧に聞くことである。身体症状症の問診では，身体症状について「痛み」「違和感」という表現のときも，「ズキズキ」「ピリピリ」などの擬態語も用いながら痛みや違和感の「質感」をできるだけ伝えてもらうようにする。1ヵ所に固定した症状なのか，多発性なのか，変遷しているのかも大切な所見となる。このとき症状の内容のみならず，症状がどう

経過しそれを患者がどう体験，認識，対応したのかを丁寧に聞いていく。さらにそれらについての患者の主観的な意味づけ，患者の感情や，生活の様子などを具体的に聞いていく[4, 5, 7, 8]。

特に初発のエピソード前後の状況を丁寧に聞いておくことは，その後を立体的に理解するためにも重要だろう。はっきりと語れないことも多いが，患者が主観的に関連があると感じている，あるいはストレスになっていると考えている事柄についても聞いておく。質問すると語られる，あるいは後になって語られるが自発的には語られない場合，そのこと自体もひとつの所見となる。笠原は小精神療法のミニマム・リクワイアメントの第一に「病人が言語的非言語的に自分を表現できるよう配慮する」ことを挙げ，治療の第一歩は「どのようにしたら彼が自分を表現しやすいか」に思いをめぐらすことだと述べている[2]。そのことは，初診から心に留めておきたい。

3. 患者のこれまでの取り組みを聞く：悪循環の理解の共有

症例 A では初回の面接で，治療者から「症状や病気に対する不安を取り除き，安心しようとしてその都度病院に駆け込むことで，ますます不安を高めていたのではないか」と問いかけると「次々病院にかかることで悪循環になっていたのは本当にそうだと思う」と話した。そして不安の裏に健康でありたい，元気にその日を過ごしたいという願いがあること，病院にいくつもかかったのはそのための努力でもあったことを治療者患者間で共有した。つまり症状をなんとかしようとしてきた努力が，かえって症状を増強させている事態について共有するという作業である。また，「何かに夢中になっているときはあまり感じない」という患者の発言から，「注意の向きによって症状の強さが変化すること」を共有した。筆者はこのように患者自身の発言を手掛かりにして伝えることも，治療者患者間で理解が共有されやすくなる工夫として用いている。

4. 心気的な不安について

身体症状症でつきまとうのが，「何か大きな病気の徴候なのではないか」という心気的な不安である。中村によると，心気障害では疾病恐怖から自己の身体感覚に注意を集中させ，それが病覚を高めて一層の不安を呼ぶという悪循環に陥りやすい，という。さらに疾病の不安を解消するはずの身体医学的な検索を行っても，満足のいく効果をあげることができないために一層の心気的固着をもたらし，二重の悪循環が形成されることになる[6)]。そこで，治療者は心気的不安の背後にある「健康への思い」に触れるように努め，本来の望みである生活をふくらませる手探りをサポートしていく。

5. 治療の方向，目標を治療者患者間で共有する

「病気として扱うか」ということと別の次元として「患者が苦痛としている身体症状はあるものとして想定し認める」ことはその後の治療関係を築く前提となる。その上で，症状をより強めているものとして不安などの精神的な要素，注意と感覚の悪循環などがあるという理解を共有する。そして，「症状そのものを消すのではなく，つきあいながら本来の望みである生活を建て直し広げていく」ことを目指していく。まずは「症状や不安を慌てて消そうとせず，一旦そのままに置く」ことから始めていく。これは，青木のいう「原因よりも今の生活を少しでも良くすることはできないか」という視点とも共通する働きかけといえるだろう[1)]。

Ⅲ．再診：治療を進めるにあたって

1. 症状を「一旦そのままに置く」：悪循環を緩める

再診で行うことは初診の後半ないし初期治療で行った作業を繰り返し進めていくことでもある。

Aは，2回目の外来では，「手足のピリピリ感は消えてはいないが，悪

くなってもいない」と話した。「すぐに病院に行きたくなってしまうのだけど，我慢しました」と笑う。しびれ感は消えないが，不安感は 7，8 割軽減した，という。

気になる身体症状や不安をすぐに打ち消すためにドクターショッピングをしたりインターネットなどで過剰に調べることを一旦置いておくことによって，過剰に注意が症状に向くことによって起こる悪循環を緩めることになる。この視点は森田療法に限ったものではなく，例えばシュルテが「ありとあらゆる種類の精神神経症の人たち」について，「本能的な調整作用への信頼を呼び覚まして，過剰な意識の介入という悪習を克服すればよいのである」と述べたこととも共通している[9]。

2. 症状と付き合いながら生活を広げていく

そして症状のため，あるいは症状が起こる状況を避けるために狭小化していた生活を建て直し，広げていく。

例えば症例 A の診療では，広げていきたいと思っていることを聞くと，もともと活動的で外出や人に会うことも好きだったことが挙がり，それを活かしていこうと話し合った。それでも体調に敏感で，睡眠不足をすると翌日体調不良となりそうで不安になり外出を控えてしまうということが続いた。そこで治療者からは「体調を整える」ことが生活の目的になっていないかと問いかけ，体調と付き合い，「せめてできること」をしていこうと伝えた。

そこで A は，決まった時間ではなく行けるときに行けば良いものを選び，ヨガにも行き始めた。しびれは「悪くなっていないのだから様子を見よう」と考えたのだという。治療者も「様子を見る」ことができるようになっていることを支持した。

初診の項でも触れたが，このように（A が工夫した「様子を見る」という言葉のように），患者の言葉を「手がかり」にすることで，治療者患者間で共有されやすくなる，治療者から注入的，教示的になってしまうことを防ぐための工夫にもなる。

3. 経過中のエピソードから語られる感情の扱い

初診から5ヵ月後，しばらく落ち着いていた喉のつまり感，手のピリピリしたような痛みが再び現れた。このときの外来では，少し前に義母の法事があったことが語られた。しばらく話す中で，以前義母の介護をしているとき，慣れない土地，慣れない状況で苦労したことが語られた。このときは夫も仕事が忙しく状況を十分には理解してもらえず心細い思いをしたこと，病院や葬儀の席での親戚の言葉に傷ついたことが語られた。今は夫も理解してくれ，法事でも協力してくれたという。

そこで主治医は患者の語りに耳を傾け，症状との直接の関連について問うのではなく，A にとって大変な体験だったのだろうこと，そこで感じたさまざまな気持ちは自然な，無理からぬものだろうことを伝えた。

本症例がそうであったように，ある程度の治療期間を経てから，葛藤的な状況が語られることも多い。それと症状との関連は，自発的に関連付けて語られる場合もあり，「症状とは別のこと」として語られる場合もある。筆者は症状との関連については自発的な語りを主とし，体験そのものに耳を傾けるのが良いのではないかと考えている。そしてそこでの感情体験（怒りや傷つき，悲しみなどの「マイナスな」ものも含め）を自然なものとして扱い，それらを「あってはいけない」ものとしてねじ伏せようとしていないか問いかけていく（森田療法でいう「感情の普遍化[4)]」）。

5. 行きつ戻りつの経過をめぐって

身体症状症では，症状も変遷しやすく，診療での訴えもその都度移ろいやすい。そこで点になりやすい診療を線にするための工夫として，積極的に「前回」を話題にすることが挙げられる。「前回はこういう点がこうだと言っておられましたが，この間はどうなっていますか？」と質問したり，「前回はこういうことをやってみたいと仰っていましたが，やってみていかがでしたか？」と行動・生活面を話題にする。特に行動・生活の話題は短い時間の中で限定した内容を治療者がイメージできるように聞いていく。初診の主訴から離れないという意味でも，初診を振り返っておくことも有用だろう。

身体症状症では，症状には波があるのが一般的であり，何かの折に症状が強くなると「そうは言ってもつらい」というように，治療が後戻りしたように見えたり，治療者患者間での綱引きのような状況になることも少なくない。このとき，治療者はそのときの状況に一喜一憂しすぎず，粘り強く関わり続けることが求められる。症状には波があること，治療は行きつ戻りつしながら進んでいくものであることを再確認する。この作業は治療者にとっても現状のみに視野狭窄になり身動きが取れなくなってしまうことを防ぐ上で有用だろう。そして行動についても 100 か 0 かではなく，「そのときの状況でせめてできること」を患者と共に探っていく。

身体症状症の臨床では治療者の粘り強さが試されるように感じる場面も多い。シュルテは，精神療法を行う医師のあり方として，どういう医師が何をどういうふうにしてするかということよりも「援助が手の届くところにあるという事実」が重要である，と述べている。さらにこのとき患者が初めて体験するのは，「患者に対して義務を負った専門家から『心を向けられている』という体験である」とあり，先が見えにくい状況で道標にしたい[9)]。

6. 生活のあり方，ものごとに対するあり方を見直す

行動が広がり，生活との関わりが深まると，症状に対してだけでなく，生活，仕事，対人関係などに対する「無理をしてしまうあり方」「かくあるべしの態度」などが浮き彫りになってくる。具体的な生活の場面を話題にし，少しずつそれを緩めていく。ケースによっても異なるが，治療が進むにつれ症状をめぐる話題から生活をめぐる話題，さらにものごとに対す

るあり方をめぐる問題へとテーマが移行していくことが多い。

症例Aでは，その後行きつ戻りつしながら徐々に行動が広がっていった。治療が進むにつれ，夫に対しても「頼れない」「弱みを見せられない」一方で，症状のことでは不安をぶつけてしまったり全面的に頼ってしまうあり方が話題になった。

治療後半になると，皮疹を見つけて「ガンではないか」と不安になり慌てて病院に行こうとして「また慌ててる」と娘に言われ，「また慌てん坊が出ちゃったね」と笑いながら話せたことが語られた。また，娘と外食やショッピングに出かけたり，そのときに娘の学校での悩み事を打ち明けられるようになっていた。夫とも娘の教育のことや親戚付き合いについて，相談できるようになっていった。「自分にどうにもできないことは手放すこともしようと思って」と言い，親戚付き合いでも「いつも良い嫁と思われていなければならない」という姿勢が緩み，程よい距離を探るようになっていった。

7. 薬をめぐるやりとり

身体症状症の治療では，SSRI（選択的セロトニン再取り込み阻害薬）や場合によって抗不安薬による薬物療法が行われることが多い。痛みの症状についてはSNRI（セロトニン・ノルアドレナリン再取り込み阻害薬）が有効である場合も多い。身体症状症の診療では，症状の軽減を強く望む一方で，薬物療法についてことに副作用や依存性について強い不安を訴えることがしばしば見られる。薬物の期待される効果，予想される副作用について率直に話し，薬物をめぐる不安については治療の経過中にも話し合えることを保証する。「投薬に際し，適切な言葉の処方を補う」（中村）という作業である[5, 6)]。そして薬物は患者が治療に際して主体的に「活用」するものであり，「生活を広げていくための杖のようなもの」というように位置づける。

8. 日常診療での空間の工夫

小さな工夫ではあるが，筆者は朝診察室に入るとき，待合室側の入り口から入るようにしている。ことに総合病院で日常診療を行うとき，患者の動線，荷物を置く位置や椅子の位置，治療者患者の双方が同時に視線を向ける場面の多いカレンダーの位置などを確認して診察を始めるだけでも，10分間の居心地をささやかに高めることができると考えている。診察を受ける人が治療者に視線を向けることも外すこともできるようにしておくことも，「話しやすさ」に役に立つのではないだろうか。

Ⅳ. 終結を巡って

身体症状症を，ことに日常診療で診ていく場合，予め終結を話し合い決定するというより「いつの間にか間遠になる」場合が多いように思われる。日常生活における通院のウェイトが自然に下がっていく結果としての間遠さ，である。それはその人なりの対処に治療者とのやりとりが内在化される段階でもある。「こういう話をしたら先生はこう言うだろうな，と思って」などの発言が聞かれるようになったら，終結を考えても良い時期といえるだろう。

Ⅴ. おわりに

身体症状症の日常診療での治療についてまとめた。身体症状症ではより身体化，否認などの側面が強いケースも多く，治療に難渋することも少なくない（**表1**）。

10分間の日常診療には，もちろん限界もある。「10分間の臨床でできること」とは，電子カルテであれば到着確認の一覧を見ながら，紙カルテであれば積まれていくカルテを見て「ハラハラ焦る気持ち」も抱えたまま，「できないこと」にも思いをはせつつ，「時の性（しょう）を尽くす」こと

表 1　日常診療で治療を進めるときのポイント

・身体症状は「あるもの」として扱う。「より悪くしているもの」としての悪循環などを扱う。
・「不安を抱えながら」「症状と付き合いながら」必要な行動に取り組んでみる。「おっかなびっくり」で良い。
・患者の「生活」に着目する。
・「症状が出たか」ではなく、「やったこと」でその日を評価してみる。
・完ぺき主義ではなく「そのとき、せめてできること」。
・「行動をめぐる綱引き」に留意する。
・「情けない」「悔しい」などの感情からも「変わりたい」などの欲求を読み取る。
・「前を謀らず後ろを慮らず」（森田の言葉。後悔や予期不安より、まず現在を膨らませる）
・行動が流れ、変化することの跡付けをする。
・語られるその人の感情を「自然なもの」として扱う。
・「〜たい」を掬い上げる。
・「点」になりがちな診療を「線」として繋げるために、前回診察や初診時を活用する。
・患者の言葉を「手がかり」として活用する。

なのだろう（森田の言葉に「物の性を尽くす」という言葉がある。「（物の）各々そのものをその性質に従って，最も有効有利に活用する」ことを指す。これを時間に当てはめた言葉）。

文　献

1）青木省三：精神療法としての助言や指導を考える．臨床精神医学，43（8）；1097-1101，2014.
2）笠原嘉：精神科における予診・初診・初期治療．星和書店，東京，2007.
3）森田正馬：神経質ノ本態及療法．森田正馬全集第 2 巻．白揚社，東京，1927/1974.
4）中村敬，北西憲二，丸山晋ほか：外来森田療法のガイドライン．日本森田療法学会雑誌，20；91-103，2009.
5）中村敬：森田療法と心身医療．心身医学，41；150，2001.
6）中村敬：高齢者心気障害の臨床．不安障害．星和書店，東京，p. 277-289, 2007.
7）塩路理恵子：身体表現障害の森田療法．精神科治療学，26（増）；201-205，2011.
8）塩路理恵子：森田療法を診療に生かす．臨床精神医学，39（1）；35-41，2009.
9）ヴァルター・シュルテ，飯田眞，中井久夫訳：精神療法研究．岩崎学術出版，東京，1994.

第11章

摂食障害患者との出会いと別れ

林　公輔　International School of Analytical Psychology Zurich

Ⅰ．はじめに

この小論を書くにあたり，日常診療の中で自ら行っていることを振り返ることから始めた。診察室における摂食障害患者たちの様子を思い出し，向き合っている自分の姿を想像し，彼女たち（もしくは彼女。摂食障害患者のほとんどは女性であるため，以下同様に「彼女」とする）との出会いの中で抱いたさまざまな思いや感情を振り返ってみた。すると，「配慮」「秘密」「健康な部分」「心理的なスペース」「主体性（自立）と別れ」といったことが，精神療法的アプローチのキーワードとして浮かんできた。これらの言葉をめぐりながら，摂食障害患者との一般外来における，初診，再診，終結，つまりは彼女たちとの出会いと別れについて，精神療法という視点から考えてみたい。

Ⅱ．初診

1．面接空間への配慮～場を整えるということ～

患者自身もしくはその家族が記入した問診票に目を通し，もしあれば紹介状を読む。大変そうだなと思ったらため息をついたり軽くストレッチをしたりする。椅子の位置（患者と私との距離）を調整し，院内のPHSがマナーモードになっていることを確かめる。覚悟を決めて立ち上がり，診察室のドアを開けて患者の名前を呼ぶ。待合室での様子（椅子に座る姿勢や名前を呼ばれた時の反応）や一緒に来ている家族との距離感（隣同士で座っているのか離れているのか。一緒に来院している家族や交際相手が診察に同席しない場合もある）などにさっと目を配る。診察室に招き入れ，自己紹介して軽く頭を下げ，相手が座るのと同時か少し遅れて私も着席する。そして主訴や病歴について自分の言葉で話すように促すが，どこかのタイミングで＜どうしても話したくないことがあれば話さなくても構いません＞と言い添えることにしている。

こんなふうにして私は初診を始めることが多い。時間に余裕がない再診ではなかなかできないが，せめて初診くらいは立ち上がって相手を診察室に迎え入れたいと思う。そこで彼女たちは「患者」という立場になり，普段話さないようなことを口にする。つまり日常とは異なる，特殊な空間に身を置くことになるのである。そのような時，きっと人は緊張し，不安にもなるだろう。「迎え入れる」という態度をとることによって，彼女たちに少しでも居心地よく感じてもらいたいと思う。だから私は，立ち上がって挨拶をし，自分が座るタイミングにも気を配る。もちろん身なりにも気をつける。

精神科医である私にとっても，患者ほどではないにしろ非日常に身を置くことになる（つまり「医師」としての役割を生きることになる）。だから私は「ため息をついたりストレッチをしたり」「覚悟を決めて」，自らを非日常的な空間に位置付けようとするのだと思う。河合俊雄は，心理療法のための場を作り出すために重要な枠組みについて「通常１回50分という時間と，いつも同じ相談室という場所が決められ，区切られることによって，心理療法は日常と異なる時空間として成立してくる。それは文化人類学的な表現をするなら，いわば俗なる日常の世界と区別された聖なる世界のようである」と述べている[7)]。一般外来においてここまで厳密に構造化することは困難であるが，それでもやはり日常と異なる空間でありうるし，そのような空間に患者を迎え入れることを意識したい。このような私たちの態度に支えられて初めて，患者は自分のこころに向き合い始めるのだと思う。そのための場を整えることが私たちの仕事であり，ここでいう「場」には，私たちの態度も含まれているのである。

2.「秘密」をめぐって

＜どうしても話したくないことがあれば話さなくても構いません＞と言い添えることには，「秘密」という問題が関係している。河合隼雄は「『私しか知らない秘密』をもつことは，自分と他人との距離を明らかにし，アイデンティティの確立につながる一方で，自分を他人から離れた孤立へと追いやる可能性ももっている」とし[6]，土居も「秘密を持つというのは，他人の与り知らない自分だけの世界を持つことである。してみると秘密を持つということは，単独者としての自分を持つことに等しいことにならないだろうか」としている[3]。ここでは秘密が持つ「孤立へと追いやる可能性」よりも，「アイデンティティの確立」との関連に焦点を当てて考えてみたい。

摂食障害患者の母子関係においては，本来そこにあるべき境界線（あなたと私はそれぞれ異なる人間なのだという区別）が希薄であることが多い。「秘密」を持つこと，そしてそれを保持できることは，相手と自分との差を明確にする働きを持ち，患者が主体性を獲得することにつながる。また，「秘密を打ち明け，それを共有してゆこうとするとき，それに伴う苦しみや悲しみの感情も共にしてゆく覚悟がないと，なかなかうまくはゆかないものである」と河合隼雄は述べているが[6]，「覚悟」の主語は患者でもあり治療者でもあるだろう。一般外来という限られた枠組みが持つ機能と限界を考えると，初めからいろいろ掘り下げて聞かない方がお互いにとって安全な場合もある。秘密には，話されるべき時と場所，そしてしかるべき相手が必要である。文脈を無視した秘密の吐露は，患者を「孤立へと追いやる可能性」にもつながるため，配慮が必要である。河合隼雄は「心理療法というと，とかく来談者の秘密をあばき立てるものと思っている人もあるようだが，（中略）われわれはむしろ，その秘密をできるだけ大切に扱うのである。そして，そのような姿勢のなかで，秘密が自然に共有されることにもなってくるのである」とし[6]，神経性やせ症について述べるなかで下坂も「治療の最初から，本病者の抱いている救いのなさや依存欲求について，言語的にはっきり取り上げない方がよい。それは，本人の大切にしているファサードをしばしば無視したことになるので，一層の反発や落ちこみを招く。そのような内奥の心情の存在をはじめはたんに察していればよい。これを察知していれば，われわれの患者に接する態度のなかにしみじみとしたものがあふれてこよう。患者とのある程度の信頼関係ができたときに，はじめて患者の内奥の感情を取り上げればよい」としている[12]。2人とも秘密を大切にする重要性を指摘しているが，このような姿勢が患者に対する無関心とは大きく異なることを，念のため指摘しておく。

母子関係についてふれたが，患者が母親と受診することはよくある。その時は私は，患者本人とだけ会うための時間を確保するように努めている。家族の前では話しにくいこともあるだろうという配慮もあるが，それ以上に，母親と心理的に距離を置くこと，2人の間に「境界線」を引くことを意識している。それはとりもなおさず，私が患者の自立を治療目標として考えていることを意味している（この点については後述する）。それを実現するための小さな一歩が，本人とだけ話をする時間を設定することである。「母親の子供」としての患者にではなく，1人の主体性を持った人としての患者に向き合うことは，たとえ短い時間であっても意味がある。この時，母親を「仲間外れ」にしないよう注意したい。母親をはじめとして，患者の家族は「治療チーム」の一員であることを忘れてはならない[5]。

3. こころの中の「健康な部分」と手を結ぶ

初診で大切なことは，「ここは自分の役に立ちそうだな」と患者が感じられるかどうかである。そのためには，私たちが患者の中にある「健康な部分」にアクセスしなくてはならない。

患者のこころの中では，よくなろうと願う「健康な部分」と，病気のままでいようとする「病気の部分」とが戦っている。そしてその2つの間の境界は曖昧であることが多い。だから私は患者に次のように伝えることで，境界を明確にし，「健康な部分」と手を結ぶことを試みる[4)]。<摂食障害があったからこれまで生きてこられたという面があったと思う。心のバランスを保つのに必要だった。でもその方法がこれから先は役に立ちそうもないので，新しい方法を探すためにここに来られたのだと思う。そのお手伝いをしたい>。「病気の部分」がこれまでは必要だったことを認めつつも，それを対象化し，「健康な部分」と同盟を結ぶのである。このことに関して松木は「彼女らの心では病的自己と健康な自己が戦争状態にあり，健康な自己は治療者と同盟を結ぶことができる。彼女らの中のこの健康な自己を捜し，同定し，手を結ぶことが，治療者が彼女らとの間でおこなう最初でかつ最も重要な仕事である」と述べている[9)]。「健康な部分」と手を結ぶためには，患者が困っていることに焦点を当てるとよいだろう。例えば，カロリーや体重，ボディーイメージの話よりも，体育の授業に参加できないことや階段を上ると息切れしてしまうことなどである。

摂食障害患者たちにとって，他人に自分の症状を話すのは恥ずかしいことだと思う。彼女たちの多くは，食行動の異常を人には見せないように生活しており，家族とすら一緒に食事をしない人もいる。ひとりで部屋にこもって過食嘔吐したり，長い時間をかけてほんの少しずつ食事したりしているのである。その時の彼女たちのこころについて想像してみるとどうだろう。もちろんある種の満足を得ているだろうが，それと同時に自分を責め，それでもやめられない自分を情けなく感じ，いたたまれない気持ちでいるのではないか。彼女たちは食事内容や体重など，自分で作ったルールに縛られ，悪循環にはまり込んでいるのである。そのような人たちが病院を受診するにはきっと勇気が必要だったろうし，診察で自分のことを話しながら情けない気持ちでいることだろう。彼女たちの話を聞きながら，私たちは彼女たちの中にある情けなさや悲しみに思いをはせることが必要である。もちろんその一方で，食べればいいんじゃないか，わがままなんじゃないか，といった陰性の感情が治療者のこころに沸き起こることもある。それは否定すべき不自然なものではなく，患者自身やその家族の感情でもあるだろう。さまざまな感情を自ら体験し，そしてそれを抱えながら，私たちは治療に臨むのである。

治療法を選択する際には（例えば入院治療にするか外来治療にするかなど），Shared decision makingの考え方を意識するとよい。Shared decision makingとは，意思決定のプロセスと治療法の決定に関して，患者と治療者がともに参加し，責任を持つものであり[1)]，その過程に患者が積極的に参加することで，治療効果の向上が期待できる[2)]。こちらの考えや治療法の選択肢を示し，それについて話し合って今後の方向性を決めることは，患者の主体性を引き出すことにつながるだろう。

その一方で，著しいるいそうや電解質異常を認める場合など，彼女たちの主体性を尊重するよりも強制的な入院治療が必要な場合もある。そのような時には，現実検討能力が低下している患者に代わって私たちが判断をしなくてはならない。いわゆる「カウンセリング」を希望して来院する患者もいるが，その人にとって今必要なものは何かを現実的にアセスメントをすることも，精神療法の範疇である。

初診ではある程度まとまった時間を取ることができるが，2回目以降はそうはいかない。だから私は，初診の終わりに次のように伝えることにしている。「初めてお会いするので今日はこのような時間を用意しましたが，次回以降は5分から10分程度の診察時間となります」。ちょっとがっかりした表情を浮かべる人もいるが，今後の診察の枠組みについての目鼻をきちんと伝えておくことが肝要である。私たち精神科医にとっては当たり前のことでも，患者にとっては当たり前ではないのだから。

Ⅲ．再診

1．こころの「スペース」

診察では，摂食障害に関する話題にとらわれすぎないことを意識している。摂食障害に関する話題とは，食事やカロリー，体重に関することなどを指す。これらについて患者はよく話してくれるだろう。頑張って食べたというかもしれないし，たくさん食べて吐いてしまったというかもしれない。しかし彼女たちの話を聞いていても，いったい何をどれくらい食べたかわからないし，そもそもどのような日常を送っているのかもよくわからないことが多い。いろいろ話してくれているように感じるが，そのほとんどが摂食障害と関連のある話題に限定されており，それらによって面接空間は埋め尽くされてしまう。そして，一通り食べ物の話を終えると，患者は帰っていくのである。

彼女たちの日常は摂食障害に支配されており，何時に何を食べるかなど，いつも決まったリズムで生活している。通院することでそのリズムが乱れ，治療的介入のチャンスが生まれればよいのだが，いつの間にか，通院すること自体も彼女たちの生活リズムに組み込まれてしまう。このような変化のない面接の繰り返しは，お互いにとって楽であるため，ついそれを許してしまいがちである。

このような悪循環から抜け出すために必要なことは，まずこの事態に気がつくことである。時として私たちは，悪循環に陥っていることにすら気がつかない。それに気がつくためには，このようなことが起こりうるという知識や経験が役に立つだろう。また，同僚に相談して初めて気がつくこともある。

悪循環に気づいた時，私はそこに身を置きながら，患者と私との間にある心理的な距離に思いをはせる。私たちの間に情緒的な交流がないことを意識する。つまり，面接空間を埋め尽くしている食べ物の話は，情緒的な交流をしないための防衛ではないかと想像する。そして私は，本来そこにあるはずの心理的な「スペース」が，彼女と私との間にないことに気がつくのである。

心理的な「スペース」とは，車のハンドルに設けられた「あそび」に似ている。それは「健康な部分」と「病気の部分」との間や，患者と母親との間にも本来あるはずのものだが，摂食障害患者にはそれが欠如している。そして，患者と私との間にあるはずのそれは，摂食障害に関する話題で埋め尽くされてしまっているのである。したがって，何かと何かの間に新しい「スペース」を生み出すことが，摂食障害治療における重要なポイントになる。そのためには，摂食障害に関する話題にとらわれすぎてはならない。それにとらわれることは，「スペース」を埋めることにつながるからである。

心理的な「スペース」について考える一つの例として，「ユーモア」が挙げられる。フォン・フランツは「ユーモアのセンスがなくなるのは，精神治療上きわめて深刻なケースである。逆に強度の精神異常にあっても，患者が自分をあまりつきつめずに自分自身を笑いとばせるようにもっていければ，まず成功といってよい。(中略) たとえ一瞬でも，即物的に外から自分の姿を眺められるのだ。(中略) だがえてして私たちは，あるコンプレックスに触れられると，たちまちユーモアのセンスを失って深刻かつ悲壮になり，自分の問題を現実的に眺めることができなくなってしまう」と述べている[8)]。「健康な部分」と「病気の部分」との間に「スペース」がないと，「ユーモア」が入り込む余地はない。治療が進展してくると，症状について話しながら笑い合えたりするようになるが，それは彼女のこころに新たな「スペース」が生まれてきつつあることの証であり，そのような「スペース」にこそ，治療上意味のある何かが生まれてくるのだと思う。

それでも治療の初期には，患者の摂食障害に関する話題に付き合い，悪循環に身を置く必要があるのではないだろうか。そのような過程を経た後に初めて，誰とも交流できないでいる彼女たちのこころに出会えるように思うからである。先にも述べたように，心理的な課題に早く触れすぎないよう配慮することも大切だが，同時に，「この人になら話してもよい」と患者が判断するための時間も必要だろう。

2. 状況を把握する

精神療法的アプローチを優先することが適切かどうか判断するためには，彼女たちの身体状態をある程度把握しておく必要がある。摂食状況について把握するときは，食生活に関する日記を患者に記録してもらうと役に立つ。先にも述べたように，彼女たちの話す内容は漠然としており，実際のことはよくわからない。記録したものを見ると，毎日同じものを食べていたり，量が少なかったり，過食嘔吐する時間が何時ごろかなど，さまざまな状況を把握できるし，口頭による報告との差異を知ることもできる。また，対応策についても患者と相談しやすい。

National Institute for Clinical Excellence ガイドラインでは，神経性過食症治療の第一段階としてセルフヘルプを推奨している[10)]。これは，神経性過食症についての理解や過食嘔吐症状のモニタリング（症状記録）などを，テキストやワークブックを用いて患者自身が行うものであり，これだけで症状が軽減する例もある[11)]。西園は，どれくらい過食しているのか患者自身もわからない場合が一般的であるため，過食に費やした金額を記録してもらうことを推奨している[11)]。

口頭では曖昧にしか報告できなかったことを，目に見える形で記録してもらい，それについて話し合うことは，症状を外在化させることにつながる。簡単に言えば，「自分にはこんな症状があったんだ」と，ちょっと離れてそれ（外在化させた症状）を眺めることが可能となる。これは，症状と「健康な部分」との間に距離を置くこと，つまり「スペース」を作ろうとする試みでもある。「健康な部分」を明確にできれば，治療同盟を結びやすくもなる。また，このような記録をつけてもらうことで診察時間を節約することもできる。短時間で状況把握ができるため，症状以外の話により多くの時間を割くことができるのである。

3. 家以外の場所や仲間〜「自立」という視点から〜

治療の目標は，患者が自立することであると思う。ここでは「自立」という言葉を，「残念なことだけれど自分には限界があると知り，それでも自らの足で歩いていこうとすること」という意味で使用したい。

自立に役立ちそうなことについて患者と話し合うことを私は心掛けているが，ここで言う「自立に役に立ちそうなこと」とは，例えば入院やデイケアの利用，アルバイトなど，家以外の場所の有効利用を意味している。家以外に自分の場所や仲間をもつことは，自立の過程で誰にでも生じることだが，患者の多くはこのような場所や仲間を持っていないのである。ただし，食べ物に関係するアルバイトは避けたほうがよい。それを望むこころは「病気の部分」との親和性が高いためである。

河合俊雄は「心理療法というのは，クライエントが主体性を発揮できる場を提供し，どこまでもクライエントの主体性に寄り添おうとする」ものであるとしているが[7)]，私の考えでは，入院やデイケアの利用はそのような場の提供になりうるし，主体性に寄り添うことにもつながる。彼女たちが繰り返している生活パターンは主体的とは言えず，自分のルールに縛られた悪循環である。しかし入院環境では，食事の内容や時間，消灯時間も決まっており，彼女たちはこれまでのパターンを放棄せざるを得なくなる。デイケア利用の場合も同様である。したがって私は，彼女たちが入院やデイケアの利用に同意した時点で，治療的には大きな進展だと考えている。なぜなら，これまでの自分を放棄し，新しい何かを受け入れようとする「主体性」の萌芽をそこに見るからである。そしてこの「自立」につながる「主体性」の萌芽をこそ大切にしたいと思う。

また，入院環境やデイケアでは，精神科医以外の治療スタッフとの出会いがある。他者との出会いは多様性に触れることであり，こころの中に新たな「スペース」を作ることにもつながる。閉ざされた空間や関係性の中で生きてきた彼女たちのこころに，他者と情緒的に交流するための「スペース」が新たに生まれることを期待したい。彼女たちにとってそれは困難なことであり，だからこそ，私たちは少しでも居心地のいい（困難に向き合う後押しとなるような）空間を整えることにこころを注ぎたいと思う。

Ⅳ．終結

治療の目標が「自立」であるとすれば，いつか患者は病院を離れていくだろう。患者と治療者との関係には，出会ったその瞬間から別れが内包されている。病院や医師とは，患者が通過する場所や人であり，とどまるところではないのだから。

患者がよくなった時，その理由がはっきりしないことが多い，というのが私の正直な印象である。回復した理由は，因果律で説明できないことのほうが多いのではないだろうか。私が経験した例では，亡くした人について話題にしているうちに，摂食障害の問題が背景に退き，健康を回復した患者がいた。亡くした人と摂食障害との間には何かしら関連があるだろうと私は想像し，私なりの仮説を立てた。治療していく上で，そのような見立てを治療者が持っていることは重要である。その一方で，摂食障害と喪失体験との間にあるかもしれない結びつきを，明確にしようとしすぎないように努めてもいた。患者自身がその人について話し，何かを感じること，そしてそれらを私が共有し，投影された何かを引き受けることのほうが，説明的になるよりも重要に思えた。因果律的な理解を求めすぎると，そこ（患者のこころの中や，患者と私との間）にある何か大切なものが失われてしまうような気がしたのである。だから終結を迎えても，彼女の症状と人の死とを結びつけて話題にすることは控えた。私の仮説の真偽を確かめることが重要なのではない。

話は飛ぶが，宮崎駿監督の映画「千と千尋の神隠し」の最後の場面で，主人公の千尋は，豚になってしまった両親が目の前にいる数匹の豚の中にはいないことを見破る。しかし物語の中では，見破ることができた理由についての説明はなされていない。千尋は困難に向き合うことで成長し，その結果として新しい力を手に入れたのだろう。摂食障害の治療過程で生じることも，これに似ている。摂食障害に直接関係しないように思えることを話題にしているうちに患者は成長し，つまりこころに新たな「スペース」が生まれ，摂食障害への囚われから自由になっていく。病気に直接関わっているようには見えないその「スペース」に，どれだけ多くのエネルギーを注げるかということに，治療の行方がかかっているように思えるのである。たとえば千尋が両親の見分け方ではなく目の前の事態に取り組み続け，私が患者の喪失体験に寄り添おうとし続けたように。

何かわからないことがあると私たちは不安になる。そしてその不安を解消するために，明確な指針なり答えなりを求めようとする。彼女たちの場合，それがカロリーや体重なのだろう。私たち治療者が何か答えのようなものを強く求める時，なぜよくなったのか因果律的に説明しようとしすぎる時，それは彼女たちがカロリーや体重にしがみつく時の心の動きと似ていないだろうか。もしそうだとしたら，そこには新しい何かが醸成されてくるために必要な「スペース」は生まれてこないだろう。

摂食障害の治療が終わって，つまり患者が回復して終結するというケースは残念ながら多くない。だから私は，終結について多くを語ることができない。彼女たちの回復に感激しながら，そして同時に別れを前にして，悲しみに似た感情を抱いてもいた。そしてそんな私の気持ちを相手に押し付けないように，もし可能ならできるだけさらっと別れようとしていたように思う。なぜなら彼女たちにとって，私たちは通過されるべき相手なのだから。

多くの患者は数年にわたって通院するし，事情によっては治療の途中で転院することもある。紹介状を作成する時，もし時間に余裕があれば，その内容を患者に見せて共有するようにしている。一緒に作成すると言い換えてもよいだろう。摂食障害という問題は彼女自身の問題であり，そこに主体的に関与してもらいたい。強制的に治療せざるを得ない場合も確かにある。それでも私は，できる限り彼女たちの主体的な治療参加を求める。

V．おわりに

主体的であることは難しい。その理由の一つは，そこに別れの悲しみや痛みがあるからだろう。こころの中に「スペース」が生まれ，主体性を獲得していく過程で，症状との別れや母親との心理的な意味での別れなど，患者はさまざまな別れを経験するのだと思う。主体的であることと自立，そして別れは分かち難く結びついている。「I．はじめに」で提示したいくつかのキーワードも，すべてどこかでつながりあっていた。でもきっと，別れがあるからこそ，新たに生まれてくるものがあるのだと思う。だからこそ私たちは，彼女たちとの出会いに際してさまざまな配慮をし，主体的な治療参加を求め，最後はさらっとお別れしたいと思う。彼女たちのこころに生まれた「スペース」が，治療の終結したその先も耕され，より豊かな実りを迎えることを期待して。

文　献

1）Coulter, A.: Partnerships with patients: The pros and cons of shared clinical decision-making. J. Health Serv. Res. Policy, 2; 112-121, 1997.
2）Coulter, A., Entwistle, V., Gilbert, D.: Sharing decisions with patients: Is the information good enough?. B.M.J., 318; 318-322, 1999.
3）土居健郎：分裂病と秘密．分裂病の精神病理1．東京大学出版，東京，p.1-18，1972.
4）林公輔：一般精神科外来での治療．精神科臨床サービス，15（4）；415-421，2015.
5）林公輔：家族のかかわり．精神科，28（1）；30-34, 2016.
6）河合隼雄：子供の宇宙．岩波書店，東京，1987.
7）河合俊雄編著：ユング派心理療法．ミネルヴァ書房，京都，2013.
8）Marie-Louise von Franz.: The Golden Ass of Apuleius: The Liberation of The Feminine in Man. Shambhala Publications, Boston, 1970.（松代洋一，高後美奈子訳：男性の

誕生．紀伊國屋書店，東京，1988.）
9）松木邦裕：摂食障害の自己愛世界．摂食障害の治療技法：対象関係論からのアプローチ．金剛出版，東京，p.21-33，1997.
10）National Collaborating Centre for Mental Health: National clinical practice guideline CG9 eating disorder: Core intervention in the treatment and management of anorexia nervosa, bulimia nervosa, and related eating disorders. 2004. https://www.nice.org.uk/guidance/cg9/evidence/full-guideline-243824221
11）西園マーハ文：摂食障害のセルフヘルプ援助：患者の力を生かすアプローチ．医学書院，東京，2010.
12）下坂幸三：アノレクシア・ネルヴォーザ論考．金剛出版，東京，1988.

第12章

睡眠—覚醒障害群へのアプローチ
——睡眠衛生指導，CBT−I，森田療法について——

山寺　亘　東京慈恵会医科大学葛飾医療センター精神神経科
／東京慈恵会医科大学精神医学講座

Ⅰ．はじめに

筆者は，睡眠医療を専門とする臨床精神科医であり，大学附属総合病院無床精神神経科を管理する立場にある。日々，収益の増加と安全管理の向上に追われている。精神療法家ではない。ただし，限られた時間の中で患者が満足して帰院する診察を通して，患者の健やかな生活を援助する努力は継続してきた。日常臨床における精神療法を，「良好な治療関係の構築と維持を目標とする心理的交流」[4] と考えたい。

睡眠医療を担う診療科は，精神科の他に，内科（神経，呼吸器，循環器），耳鼻咽喉科，小児科，歯科口腔外科と多岐に亘る。睡眠学は，従来の枠組みを超えて極めて学際的であるが，睡眠医療の水先案内的な役割を果たすのは，精神医学である。不眠症全般の治療を最も得意とするのは精神科であり，全ての「睡眠－覚醒障害群」に対する治療原則は，睡眠衛生指導という非薬物療法である。筆者は，睡眠衛生指導の作業過程に精神療法的側面が不可欠であることを指摘してきた[11]。

表 1　不眠障害の DSM-5 診断基準の要点（文献[3]より作成）

- 睡眠の量や質に関する訴えが、以下の症状を伴っている
  - ① 入眠困難
  - ② 中途覚醒・睡眠維持困難
  - ③ 早朝覚醒
- 臨床的な苦痛や社会生活上の機能障害を引き起こしている
- １週間に３夜以上で起こる
- 少なくとも３ヵ月間持続する
- 睡眠の適切な機会があるにもかかわらず起こる
- 他の睡眠覚醒障害では十分に説明されない
- 物質の作用によるものではない
- 併存する精神的／医学的疾患では、十分に説明できない
- 該当すれば併存疾患を特定する
  - ① 非睡眠障害性の併存する精神疾患
  - ② 他の医学的併存疾患
  - ③ 他の睡眠障害

Ⅱ．不眠障害に対する精神療法～概説～

不眠症は「適切な睡眠環境下において，睡眠の質や維持に関する訴えがあり，これに基づいて日中の機能障害が認められる」と定義される。DSM-5 精神疾患の診断・統計マニュアル（Diagnostic and Statistical Manual of Mental Disorders 5thed：DSM-5）[3]では，症候論的規定による「不眠障害」という疾患単位に包括されている（**表 1**）。睡眠障害国際分類第３版（International Classification of Sleep Disorders 3rd ed：ICSD-3）[1]の「Insomnia」においても，原因別の下位分類を廃止し，持続期間を基準に，Chronic（3 ヵ月以上），Short-Term（3 ヵ月未満），Other に分類された。

不眠障害の初期治療は，睡眠衛生指導を施行しながら薬物療法を併用することである[13]。しかし，治療抵抗性の慢性不眠症に有効であるのは，認知行動療法（cognitive behavioral therapy for insomnia：CBT-I）である。最新のガイドライン[6]でも，薬物療法と同時に治療早期から CBT-I

を活用することを推奨している。また，慢性の不眠症は，本邦において神経質性不眠症と称されてきた。森田療法という精神療法理論から生まれた神経質性不眠は，ヒポコンドリー性格者（自己内省が強く，身体的・精神的不快や異常感覚に細かく気付き，こだわり心配する）が，睡眠への適応不安（自己の現在の状態をもって環境に適応しないという不安）を，精神交互作用（注意と感覚の相互賦活による感覚の鮮明化と固着・狭窄という悪循環過程）によって固着させた結果の不眠恐怖として捉えられる[11)]。神経質性不眠症は，森田療法の治療対象である。

以下，不眠障害に対する睡眠衛生指導，CBT-Iと森田療法について，筆者の経験を紹介する。

Ⅲ．初診～見立てと動機付け～

初診から数回の診察で，適切な見立ての元に治療の動機付けを図ることが，最も重要である。睡眠障害患者の訴えは，原因によらず，夜間の睡眠困難（不眠）と日中の過度の眠気（過眠）のいずれもがある。初期診療で不眠障害以外を鑑別することが，何よりも優先される。慎重な問診を通して，十分に可能である。その手順を**図1**に示す。

DSM-5の不眠障害，ICSD-3のchronic insomnia disorderあるいは神経質性不眠症に該当する場合，CBT-Iや森田療法が良い適応となる。導入する際に必要であるのは，慢性不眠症に共通する発症機制の存在を見極めることである。生理学的および認知的な覚醒と睡眠を妨害する条件付け要因（DSM-5）[3)]，Heightened arousalとLearned sleep-preventing association（ICSD-3）[1)]，そしてとらわれの機制と精神交互作用（森田療法）[11)]などと表現されている。不眠の主因がいかなるP――①身体的（physical），②生理的（physiological），③心理的（psychological），④精神医学的（psychiatric），⑤薬理学的（pharmacological）――であっても，この心理機制が不眠の慢性化要因になり，CBT-Iや森田療法の標的となる。

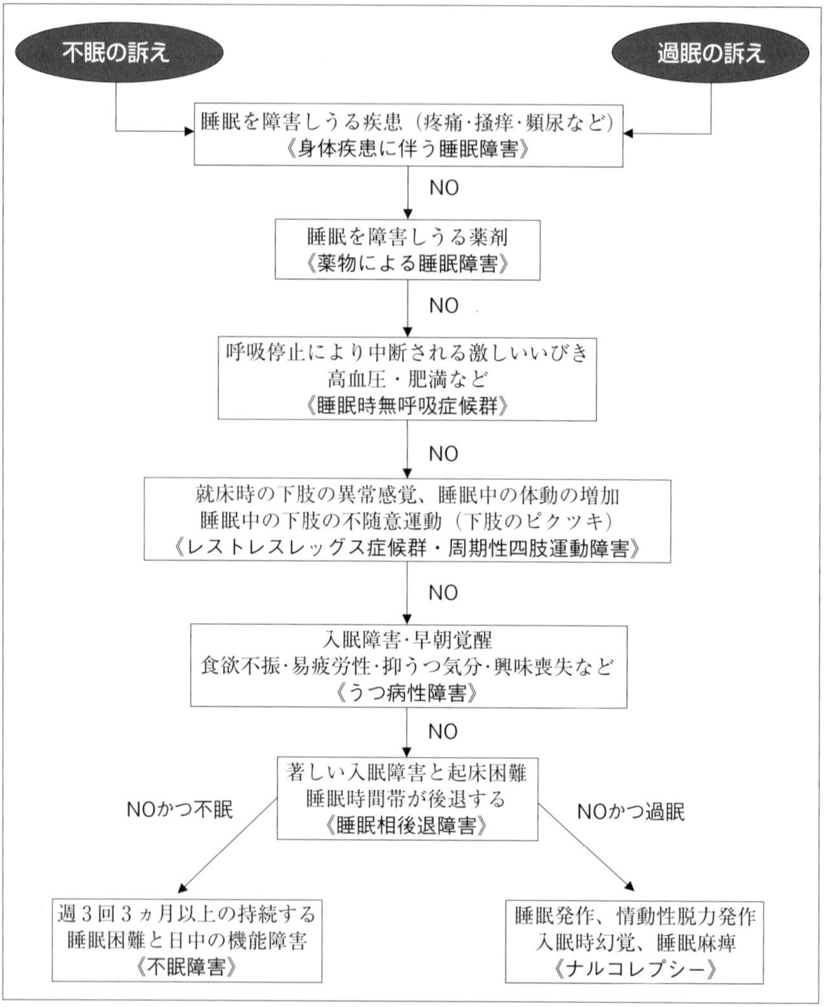

図１　主な睡眠障害の鑑別診断手順

次いで，患者の治療に対する動機付けを確認する。疾患特性と療法の概要を説明することで，患者自身が充分に理解し，治療を希望することが前提となる。特に，森田療法は，森田神経質としての特性（臨床特徴，とらわれの機制，性格特徴）を吟味することを重視している。

Ⅳ．再診～夜ではなく昼間，睡眠よりも活動を重視～

専門家からの誹りを覚悟して換言すれば，不眠障害に対するCBT-Iや森田療法は，睡眠衛生指導を円滑かつ効果的に施行する技術である。毎～隔週に繰り返される再診を通して，患者の睡眠に関する誤った考えや習慣を修正していく。患者の苦悩を労い肯定しながら，日常に焦点を当てて現実的な助言を与える。患者の自然回復力が引き出され，その人らしい健やかな生活を取り戻すのを粘り強く待つ[2]のが基本的な姿勢である。

1．睡眠衛生指導

睡眠衛生とは，睡眠に関わる外的環境要因と生活習慣の総称である。睡眠に関する正しい知識を与え，質の良い睡眠をとる日常生活上の工夫を実践させるのが，睡眠衛生指導（sleep hygiene education）である。良好な患者－治療者関係を基盤として，効果が発揮される。精神・身体状況や生活環境を全人的に把握し，具体的な指導を早期に施行することによって，薬物投与に至らずに治療が終結する場合も少なくない[13]。最新の具体例は，「健康づくりのための睡眠指針2014」（**表2**）[5]にまとめられている。以下の要点に加えて，正常睡眠に関する基礎知識――①レム睡眠とノンレム睡眠，②恒常性維持機構と概日リズム機構，③加齢現象としての睡眠内容の変化，④睡眠が心身機能へ与える影響など――の理解を促すことは，大きな治療的意義を持つ。

1）良い眠りの定義

良い眠りとは，日中の眠気とそれに基づく精神作業能力の低下や体調不良によって，生活に支障を来さない夜の睡眠のことを指す。睡眠時間や睡眠内容について，年齢層別にいくつかの目安はあるが，個人にとっての良い眠りは個人の数だけ存在する。数値による正常値だけで，規定はされない。これらの数値に必要以上にとらわれること自体が，不眠の増悪因子と

表 2　厚生労働省健康づくりのための睡眠指針 2014 睡眠 12 箇条（文献[5]より作成）

第 1 条．良い睡眠で，からだもこころも健康に。
　良い睡眠で，からだの健康づくり
　良い睡眠で，こころの健康づくり
　良い睡眠で，事故防止
第 2 条．適度な運動，しっかり朝食，ねむりとめざめのメリハリを。
　定期的な運動や規則正しい食生活は良い睡眠をもたらす
　朝食はからだとこころのめざめに重要
　睡眠薬代わりの寝酒は睡眠を悪くする
　就寝前の喫煙やカフェイン摂取を避ける
第 3 条．良い睡眠は，生活習慣病予防につながります。
　睡眠不足や不眠は生活習慣病の危険を高める
　睡眠時無呼吸は生活習慣病の原因になる
　肥満は睡眠時無呼吸のもと
第 4 条．睡眠による休養感は，こころの健康に重要です。
　眠れない，睡眠による休息感が得られない場合，こころの SOS の場合あり
　睡眠による休息感がなく，日中も辛い場合，うつ病の可能性も
第 5 条．年齢や季節に応じて，昼間の眠気で困らない程度の睡眠を。
　必要な睡眠時間は人それぞれ
　睡眠時間は加齢で徐々に短縮
　年を取ると朝型化，男性でより顕著
　日中の眠気で困らない程度の自然な睡眠が一番
第 6 条．良い睡眠のためには，環境づくりも重要です。
　自分にあったリラックス法が眠りへの心身の準備となる
　自分の睡眠に適した環境づくり
第 7 条．若年世代は夜更かし避けて，体内時計のリズムを保つ。
　子供には規則正しい生活を
　休日に遅くまで寝床で過ごすと夜型化を促進
　朝目が覚めたら日光を取り入れる
　夜更かしは睡眠を悪くする
第 8 条．勤労世代の疲労回復・能率アップに，毎日十分な睡眠を。
　日中の眠気が睡眠不足のサイン
　睡眠不足は結果的に仕事の能率を低下させる
　睡眠不足が蓄積すると回復に時間がかかる
　午後の短い昼寝で眠気をやり過ごし能率改善
第 9 条．熟年世代は朝晩メリハリ，昼間に適度な運動でよい睡眠。
　寝床で長く過ごしすぎると熟眠感が減る
　年齢にあった睡眠時間を大きく越えない習慣を
　適度な運動は睡眠を促進
第 10 条．眠くなってから寝床に入り，起きる時間は遅らせない。
　眠たくなってから寝床に就く，就床時刻にこだわりすぎない
　眠ろうとする意気込みが頭を冴えさせ寝付きを悪くする
　眠りが悪い時には，むしろ積極的に遅寝・早起きに
第 11 条．いつもと違う睡眠には，要注意。
　睡眠中の激しいいびき・呼吸停止，手足のぴくつき・むずむず感や歯ぎしりは要注意
　眠っても日中の眠気や居眠りで困っている場合は専門家に相談
第 12 条．眠れない，その苦しみをかかえずに，専門家に相談を。
　専門家に相談することが第一歩
　薬剤は専門家の指示で使用

なる。また，長時間眠りたいが余りに必要以上に臥床し続けていると，睡眠深度は浅くなり，起床時の熟睡感が減損する。夜の睡眠時間だけでなく，日中の活動内容に注意を向けさせることが重要である。

2）睡眠時間の調整

自律神経の活動を日中の活動や夜間の休息に適応させるために，毎日の規則正しい睡眠覚醒スケジュールを確立する。夜の就床時刻だけにはこだわらず，同じ時刻に起床することが重要である。起床時刻を定めることが，概日リズムを強化して最終的には規則的な時刻の入眠をもたらす。就床時刻はあくまでも目安であって，その日の眠気に応じて，眠気を自覚してから入床する方が入眠しやすい。日中は，できるだけ連続してしっかりと覚醒を維持する。起床後早い時間帯の日光曝露や午後から夕方にかけての適度な運動は，概日リズムを安定させて，夜の睡眠に有利に作用する。特に，朝日（高照度光，2,500lux 以上）は，概日リズムに対する最も強力な同調因子である。朝日を浴びることで，25 ～ 26 時間の生体時計をリセットして 24 時間周期に修正する。生体時計が高照度光を感知してから 15 ～ 16 時間経過すると，メラトニンが分泌され始め，その 1 ～ 2 時間後に眠気が出現する。日中，特に午前中の早い時間帯に，短時間でも屋外で過ごすことを勧める。

3）睡眠環境の整備

具体的な寝室環境を整えることの他に，心理的な環境条件に配慮する。

①物理的な環境：快適な睡眠環境として，寝室は暗く，静かに，暖かすぎたり寒すぎたりしないという寝室環境や，寝室の雰囲気や寝具に配慮する。温湿度・照明・騒音を睡眠環境の三大要素と呼ぶ。

②心理的な環境：睡眠以外のことを連想させるものは寝室から除去し，覚醒時に行う作業（食事や仕事）は寝室に持ち込まない。寝室を睡眠と性生活の場として以外には使用しない。

4）入床前の心身の調整

カフェイン，ニコチン，過度のアルコールなど，睡眠の妨げになる物質の摂取を就寝前に避ける。最も重要なのは，日中にさらされたストレスと，それがもたらす精神的緊張を就寝前までに鎮静させることである。心配事は寝室にまで持ち込まないようにリラックスできると，入眠は促進される。軽い読書，音楽，ぬるめの入浴，香りなど，条件反射的に睡眠を導く個々の入眠儀式を見つける。

5）睡眠薬服用に際する配慮

患者は薬物に対する不安が強い場合が多く，投与の際には，睡眠薬に関する正しい知識を充分に説明する。症状が安定したら，必ず減量・中止を試みる。専門医の判断で睡眠薬が処方された場合，適正に使用されれば極めて安全であることを保証する。その一方で，睡眠薬とアルコールの併用は，絶対にしてはならない。

睡眠衛生指導は，不眠障害に限らず全ての睡眠－覚醒障害群に対する第一選択的対応であることを再記する。

2. 認知行動療法

不眠を慢性化させている誤った認識や習慣を修正することによって，安定した睡眠が得られる生活を身につける。欧米では，標準的な治療法として広く普及している[7]。マニュアル化されているCBT-Iは，以下の技法（構成要素）を組み合わせ，1回30～60分の4～8セッションを目安に，個人精神療法として施行される。筆者ら[9]は，より簡潔に施行することを目指して，60分の初回導入面接後，隔週で計3回，10～20分の外来診察を設定して評価した。日常の精神科診療においても，充分に応用可能である。

1）睡眠衛生指導

良好な患者－治療者関係に基づく睡眠衛生指導は，CBT-I の礎であり，本体である。ただし，睡眠衛生指導単独の治療効果は，CBT-I に劣る。

2）認知的介入

不眠に対する不安や睡眠に対する過剰な意識を軽減させ，患者が有する誤った観念を訂正する。筆者の施設[9]では，腕時計型活動量連続測定計から得られた睡眠内容を，患者の作成した睡眠日誌と比較して呈示している。これによって，主観的評価と客観的睡眠内容との間に生じている解離（自己の睡眠に関する過小評価）を認識させ，治療効果判定の指標としても用いている。

3）睡眠時間制限法[10]

睡眠日誌から実際の推定睡眠時間だけに就床を限定し，5 日間連続してその 90％以上眠れた時に，床上時間を 15 分ずつ延長させる方法。以下を手順とする。①床上時間を 2 週間の平均睡眠時間（睡眠日誌上 1 晩に眠れた時間）プラス 15 分に設定し，床上時間が 5 時間を切るような場合は 5 時間に設定する。②起床時刻は毎日一定にし，就床時刻を遅くして計算上の床上時間に生活を合わせる。③日中は，床に就かない。④起床時には，何時間眠れたかを記録する。⑤ 5 日間床上時間の 90％以上眠れたら，床上時間を 15 分増やす。

4）刺激制御療法[10]

睡眠に好ましくない刺激を排除し，寝室すなわち睡眠という条件付けを形成させて，睡眠妨害連想や身体化された緊張を軽減させる方法。要点は，①眠気を感じた時のみ寝床につく。②寝床は睡眠と性行為以外には使わない。寝床で TV を見たり，食事をしない。③ 20 分以上眠れない時は，一度床から離れ，眠気を感じてから再び床に戻る。④前夜眠れなくても，毎朝同じ時刻に起床する。⑤日中は昼寝をしない，などである。

睡眠時間制限法と刺激制御療法は行動療法的技法であり，両者を併せて睡眠スケジュール法と総称する。

5）筋弛緩療法[10)]

末梢の筋肉を弛緩させ，筋緊張の持続を減弱させることによって，心身のリラックスを導き，入眠を促進させる方法。患者は夜間の就寝時にも，交感神経系の活動が亢進して過覚醒状態にあり，筋緊張も高いままで持続している。（漸進的）筋弛緩療法は，末梢の筋肉を弛緩させ，筋緊張の持続を減弱させることによって，入眠を促進させる。就床前に，身体の様々な部位に力を入れて抜くことを繰り返し，不安や緊張とは相反する心身の弛緩した状態を導く。

3. 森田療法

睡眠衛生指導に森田療法的技法を組み入れることによって，より高い治療効果を期待できる。不眠症に対する外来森田療法[12)]は，隔週で10～20分間の治療面接が繰り返される簡易精神療法として，以下を手順とする。

1）患者－治療者関係の形成

共感を示す治療者との間に人間性の事実が共有されることで，患者は不安を受容できる。不眠への共感を示しながら，不眠に伴う不安，恐怖などの感情の普遍化を図り，患者－治療者関係を形成する。眠りたいという欲望と眠れないという不安は切り離せないという症状の両面観を示しながら，良く眠ろうと思うほど眠りを意識して余計に眠れなくなる，というとらわれとはからいの悪循環を明確にする。

2）客観的指標の測定および本人への呈示

症状の主観的虚構性（過敏な感覚による独断的誤認から生ずる葛藤）を認識させる目的から，腕時計型活動量連続測定計から得られた実際の睡眠内容に関する客観的評価を本人に呈示する。不眠の状態を治療者が把握すると共に，その事実を患者に伝える。

3）薬へのとらわれに対する不問技法

患者は不眠に対する苦悩と共に，睡眠薬に対する抵抗感・恐怖心を抱いており，服用自体をとらわれの対象としている場合が多い。これについて，乱用の域になければ精神薬理学的立場から服薬の必要性を保証し，それ以外は治療者の不問的態度を貫く。服薬への不安に対して，睡眠薬は翌日の活動に支障がない睡眠を確保するための道具と割り切るように指導する。訴え自体を細かく取り上げず，症状の意味を追求しない姿勢を保つことによって，患者が症状に固着することからの転換を図る。患者が睡眠薬を飲みながらでも活動することの方が重要であると洞察し，睡眠薬への恐怖心が消失しないと，不眠感は軽減されない。薬物の併用によって症状の改善が得られることは，患者が治療に主体的に取り組むことを後押しする。

4）不眠の裏にある生の欲望を別の言葉でイメージさせ，治療目標を設定する

治療に踏み込ませるために，症状の裏にある生の欲望（人間本来の欲望である向上発展の希求）の表れを，患者が求めている具体的イメージとして別の言葉で語り直させる。“不眠を治してどんな自分になりたいか”と問い，よりよく生きようとする願いは，人間にとって自然な欲求であることを治療者が承認する。良く眠りたいという欲求が，“ずっと健康でいたい，老いたくない”などと具体的に語り直されることを促す。そして単に不眠を除去することではなく，不眠へのとらわれから脱却して生活全般を立て直すことが治療の目標であることを患者と共有していく。

5）治療目標の再確認

日常生活を侵しているはからいをやめ，不眠への不安はそのままにしておくことを提案する。ありのままの自分に向き合うことを求める。患者の日常生活に目を向け，どのように困難を回避しているかを検討することで，問題点を患者の実生活に据えていく。

6）治療を展開させるための睡眠衛生指導

日常生活を立て直す具体的方策は，睡眠衛生指導である。“8時間以上熟睡しなくてはならない，睡眠の途中で覚醒してはいけない，寝不足であったら日中は安静にしなくてはならない”などの誤認を取り上げて異物化させ，患者の建設的な行動を広げていく。

1）～6）を通して，「不安に対する態度の変換・生の欲望の発揮」という森田療法の治療目標に関する患者の洞察を治療者が評価する。

V．終結～投薬終了では完結しない関係～

睡眠薬の終了は，不眠障害治療の大きな目標である。不眠症状の軽快およびQOLの回復が認められ，出現しうる反跳性不眠や退薬症候の説明に対しても強い不安が出現しないことを確認した上で，睡眠薬の減量を開始する。数ヵ月以上常用した後には，少なくとも同程度の期間を設ける。長時間作用型（睡眠薬）では休薬期間を徐々に延ばしていく隔日法が，短時間作用型では投与量を徐々に減らしていく漸減法が基本となる。両者を組み合わせて，薬剤量を3/4～1/2に漸減してから隔日の投与に移行させるのが合理的である。また，高力価の超短時間作用型で漸減法が困難な場合には，一旦，長時間作用型に置換してからの中止を試みる[13)]。

厚生労働省は，「適切な向精神薬の使用の推進」として1回の処方で3剤以上の睡眠薬を投与した場合，処方箋料，処方料，薬剤料を減算すると定めている。医療経済研究機構はこの減算効果が限定的であると分析し，睡眠薬の適正使用を促進するには，減算規定だけでなく，高用量・多剤処方の発生予防と減薬法への支援が必要であると指摘している[8]。この課題に最も貢献できるのが，CBT-Iや森田療法であると考える。精神科日常臨床においてこそ，薬物療法と精神療法が，適正医療を導く車の両輪であらねばならない。

最後に，治療が奏効して睡眠薬から脱却した患者が，その後の定期的な診察予約を求めることを経験する。特に，森田療法的に対応した患者に多い印象がある。CBT-Iが，パッケージングされたマニュアルを用いて不眠のコントロールを目的とするのに対して，森田療法は，不安への受容を目標としており，症状の軽減だけではなく患者個々の建設的な生き様に関わっていくことに起因するのではないかと推察する。森田療法は，観念的な理解ではなく，日常生活を取り上げることによって，体験を通した気付きが得られることを本質とする。不眠症の診察から睡眠の話題がなくなった後，その先にある患者の人生に寄り添っていく。

Ⅵ. おわりに

筆者は，本邦の健康保険制度上「不眠症」という保険病名で精神療法を請求できないことに疑問を感じながら，睡眠医療に携わってきた。日常臨床における10分間の不眠障害診療にこそ，「通院精神療法」が必要である。精神科専門医としての誇りをもって，睡眠精神医学に精進していきたい。

文　献

1) American Academy of Sleep Medicine: Insomnia. In: International classification of sleep disorders, 3rd ed (ICSD-3). Darien, p.19-48, 2014.
2) 青木省三，村上伸治：日常診療における精神療法：青年期を中心に．総精医誌，28；2-7，2016.
3) 米国精神医学会：不眠障害．日本精神神経学会監修，高橋三郎，大野裕監訳：DSM-5 精神疾患の診断・統計マニュアル．医学書院，東京，p.356-362，2014.

4）藤山直樹：精神科専門医に求められる精神療法．精神経誌，117；1011-1014，2015.
5）厚生労働省健康局編：健康づくりのための睡眠指針 2014．厚生労働省健康局，東京，2014.
6）三島和夫編：Q30 薬を使わない治療法はあるでしょうか？：睡眠薬の適正使用・休薬ガイドライン．じほう，東京，p.134-137，2014.
7）Morin, C.M., Benca, R.: Chronic insomnia. Lancet, 379; 1129-1141, 2012.
8）奥村泰之，稲田健，松本俊彦ほか：診療報酬改定による抗不安・睡眠薬の高用量・多剤処方の変化．臨床精神薬理，18；1173-1188，2015.
9）Sato, M., Yamadera, W., Matsushima, M. et al.: Clinical efficacy of individual cognitive behavior therapy for psychophysiological insomnia in 20 outpatients. Psychiat. Clin. Neurosci., 64; 187-195, 2010.
10）山田尚登：認知行動療法．内山真，睡眠障害の診断・治療ガイドライン研究会編：睡眠障害の対応と治療ガイドライン第 2 版．じほう，東京，p.137-144，2012.
11）山寺亘，伊藤洋，小曽根基裕ほか：森田療法と睡眠衛生．森田療法学会雑誌，10；107-115，1999.
12）山寺亘，佐藤幹，小曽根基裕ほか：外来森田療法の精神生理性不眠症に対する有効性に関する精神生理学的検討．精神経誌，107；341-351，2005.
13）山寺亘，伊藤洋：不眠症．日本睡眠学会認定委員会睡眠障害診療ガイドワーキンググループ監修：睡眠障害診療ガイド．文光堂，東京，p.22-31，2011.

第13章

物質関連障害及び嗜癖性障害群への対処

椎名明大　千葉大学社会精神保健教育研究センター　治療・社会復帰支援研究部門

I. はじめに

「物質関連障害及び嗜癖性障害」には，アルコール使用障害や覚せい剤依存等の物質関連障害及びギャンブル障害が含まれる。本稿では，主にアルコール使用障害を中心に，日常精神科臨床現場において短時間で効果的なアセスメントと治療介入を行うためのコツについて，エビデンスと筆者の臨床経験に基づいて述べる。

II. 物質関連障害及び嗜癖性障害の分類と近年の話題

1. アルコール

DSM-5では，アルコール依存とアルコール乱用とをひとまとめにアルコール使用障害として，個別にその重症度を判断することとしている。我が国では，連続飲酒や離脱症状を伴うアルコール依存と，問題飲酒に留まるプレアルコホリズムとを峻別し，前者に対しては断酒，後者に対しては節酒と，治療戦略を使い分けることが多い[45]。我が国のアルコール使用障害患者は440万人と推計される[32]。プライマリ・ケアで起こる問題の15～20%がアルコールと関連しており[41]，アルコール使用障害は自殺とも深い関係がある[25)]。2013年12月にアルコール健康障害対策基本法が制定されたことに伴い，飲酒の健康障害に対する支援体制の確立や，飲酒のリスクに関する知識の普及啓発等が期待されている。

2. 違法薬物

我が国では諸外国に比べ，違法薬物における覚せい剤の割合が高い。また近年では危険ドラッグの使用も増加傾向にある[30)]。覚せい剤取締法違反による検挙者の過半数は反社会組織の構成員であり[26)]，実際に外来を訪れる患者の約半数に司法機関による処遇の既往がある[44)]ことから，医療者は違法薬物乱用者に対する忌避感を抱きがちである。他方，むしろ収監歴のある覚せい剤依存患者の方が治療を継続しやすいとする報告もある[14)]。

3. ニコチン

ニコチンの身体面での害や依存性等に関してはアルコールやヘロイン等を上回るという報告がある[10)]。「たばこの規制に関する世界保健機関枠組条約」が平成17年に発効したことにより，我が国でも受動喫煙の防止，タバコ販売における健康警告等が強化されている。米国では，すべての外来通院患者に対して5Aアプローチ（喫煙の有無を識別，禁煙の重要性を説明，禁煙を希望する患者を峻別，禁煙を希望する患者を支援，禁煙開始日やフォローアップ計画を決定）を，また禁煙に無関心な患者に対しては5Rアプローチ（個人的問題に触れる，リスク情報を提供する，禁煙のメリットを指摘する，禁煙を妨げるものを同定する，受診のたびに介入を繰り返す）を行うよう推奨されている[39)]。喫煙によって多くの向精神薬の血中濃度が下がることも知っておく必要がある[37)]。筆者は，特に服薬に消極的な患者に対し，禁煙することによって必要な用量を減らすことができることを積極的に伝えている。

4. ベンゾジアゼピン

治療薬として用いられる向精神薬に対する依存も見過ごされがちである。例え常用量であっても，同じベンゾジアゼピン系催眠鎮静薬を 2 ～ 3 ヵ月以上に渡り処方し続けることは慎むべきである。最近では，ベンゾジアゼピン系薬と認知症発症との関係についての議論が盛んになっている[7]。いまだ結論は出ていないとはいえ，特に焦燥の強いうつ病患者等を除いては，あらかじめその事実を処方の時点で患者に伝えておくのがよい。また再診の折には，日中の不安感や夜間不眠について確認し，服薬以外の対処法について相談すべきである。

5. ギャンブル

ギャンブル障害は DSM- Ⅳでは「病的賭博」として，窃盗癖等とともに「他のどこにも分類されない衝動制御の障害」に含まれていたが，DSM-5 では物質関連障害と同じ診断群に組み込まれた。これはギャンブル障害の生物学的機序に関するエビデンスが蓄積されてきたことによる。診断に当たっては，「ギャンブル障害の診断面接」を用いることで，確定診断，重症度評価，併存疾患の確認，治療戦略の選別等を短時間で行うことができる[19]。より簡便な自記式検査として，「サウス・オークス・ギャンブリング・スクリーン」がある[20]。5 点以上がギャンブル障害とされるが，筆者の感触としては，閾値以上のすべての患者を治療の対象とするには及ばないように思う。治療目標は賭博行為からの完全な脱却だが，当初から患者に禁欲を求めると脱落を招くおそれがある[19]。適度な賭博習慣を目指す治療も一定の効果があることが指摘されているが，どのような患者に適用可能かは解明されていない[17]。治療戦略として認知行動療法が推奨されている。軽症例であれば，筆者らが翻訳したワークブック[18, 19]を用いて，患者と協働して治療に当たることも可能である。

Ⅲ．治療ステージ毎の留意事項① 初診時

物質関連障害及び嗜癖性障害の診療に当たりまず留意すべきことは，患者の方からこれらの症状について語ることは稀であるということである。疫学的には，うつ病の外来患者のおよそ4分の1が物質乱用ないし依存を合併し[28)]，我が国の男性におけるギャンブル障害の生涯有病率は10％弱とされている[8)]。もしもこれらの数字が臨床実感と乖離しているのであれば，見逃しを恐れなければならない。

アルコール依存のチェック方法としてはCAGE（Cutdown, Annoyed by criticism, Guilty feeling, Eye-opener）が有名で[4, 34)]，より詳細なスクリーニングとして，日本ではKAST（久里浜式アルコール依存症スクリーニングテスト），国際的にはAUDIT（Alcohol Use Disorders Identification Test）[4)]が用いられる。ただ筆者の場合，あえてこれらを用いずに，すべての外来患者に対して初診時に飲酒・喫煙歴・違法薬物使用歴を尋ねるようにしている。これらの質問は一通り病歴を聴取し終えた後で行い，続けて薬剤や食物アレルギーの既往を尋ねることで，それらの質問がルーチンワークであって特に患者に対し予断を抱いているわけではないという言外の意を示すようにしている。

ギャンブルに関しては，抑うつの評価のために興味・関心を問う中で，「休みの日は何をして過ごしていますか？」等と尋ねることが多い。そこで，パチンコや競馬等が出てくるようであれば，頻度や賭ける金額を聞く。あるいは，病歴を聞く際に経済状況を尋ねるに当たり，借金の有無を問う。そこで「ついのめり込んでしまうこともありますか？」等と問いかけ，失敗した経験を語ってもらう。あとはそれが患者の生活に悪影響を与えているかどうかの判断になる。

「お酒を飲みますか？」という問いに対する回答は，概ね4パターンに分類される。まず，「飲めません」という回答の場合，アルコール使用障害を疑う他の所見がない限り，飲酒の問題はないと考えてよい。次に「飲

み会で」等と機会飲酒を示唆する回答の場合，独りで飲むかどうか，また飲酒に伴う失敗をしたことがあるかどうかを問う。いずれも否定するようなら，問題飲酒のリスクは高くないであろう。他方，「晩酌をビール 1 缶」等と，酒量を明確に答える場合は，寝酒や憂さ晴らしなど問題飲酒に繋がりそうな飲酒習慣の有無をチェックする。最も警戒すべきは，「多少」「たしなむ程度」「以前は結構飲んでいた」等と曖昧な回答をする場合である。この場合，「これまで最も多く飲んだのはいつで，どのくらいですか？」と具体的に聞いていく。回答が「ウイスキーをボトル 1 本空けたこともある」であれば，アルコール使用障害の疑いを強く持つ[36)]。また「若い時に二日酔いで会社を休んだことがある」といった話があれば，そのような飲酒パターンがいつまで，何回繰り返されたのかをさらに問う。飲酒習慣のある患者の場合，最も多く飲む時として回答した酒量を毎日のように飲んでいる可能性を想定して問診を続ける必要がある。

過去に大量飲酒歴があるが今は飲んでいない場合，なぜ止めたのかを尋ねる。明確な理由がないのに飲む気がしなくなったのであれば，気分変動が潜在している可能性がある。内科的理由で酒が飲めなくなったのであれば，体調が回復したら飲酒を再開するリスクが高いと考えるべきであろう。

筆者の場合，抑うつ状態で初診した患者であって薬物療法を必要とする場合，原則として当初は禁酒を指示する。その時の患者の反応によっても，患者のアルコールに対する依存の強さがわかる。禁酒に抵抗を示す患者に対しては，例えば「お酒は覚せい剤のようなもので，うつを一時的によくしますが，飲み続けていると体に負担がかかり，うつが余計にひどくなってしまいます。今だけでいいのでお酒を我慢してみませんか？　今止めれば，うつが治った後でまた美味しいお酒を飲むことができるようになると思います。このまま飲み続けてアルコール依存になってしまうと，一生お酒が飲めなくなってしまうかもしれません」といった説明を行う。

うつ病患者が飲酒する理由として，典型的には 3 種類考えられる。抑うつに対する自己治療，不眠に対する寝酒[1]，そしてもともとアルコール使用障害から抑うつ状態に陥った場合である。前二者に対しては，急性期における禁酒と十分な説明，ベンゾジアゼピン系催眠鎮静薬等の一時的な処方で，解決することが多い。アルコール使用障害が基礎にある場合は，抑うつへの対処と平行して治療を進める必要がある。カウンセリングや断酒会，専門外来への紹介も検討すべきであろう。それでも，初期治療として抑うつに対する手当てを十分に行うことにより，患者との信頼関係を構築し，アルコール使用障害の治療への導入が進めやすくなる。さらに，そのような患者の一部は実は双極性障害であり，気分安定薬が奏効する可能性があることも気に留めておくべきである[2]。

いわゆるアルコール依存に属する患者は，飲酒の悪影響を過小評価し，自分の意志で酒量をコントロールできると主張し，自身がアルコール依存であることを決して認めようとしない。物質関連障害が「否認の病」と言われる所以である。かつてはそのような患者に対して直面化を行い，受療の意志がない患者は突き放し，しかし再来は歓迎するというのが定跡とされてきた[9]。しかし近年ではより柔軟で保護的な治療戦略の方が効果的とする意見が多い。経緯はどうあれ患者が自分で受診したのであれば，そこに患者の受療意志の片鱗が存在する[11]と想定して診療に臨み，患者の現在の状況に焦点を当てて，今の気持ちを聞き出すべきである[6]。このアプローチは治療者自身の陰性感情をコントロールするにも有用であるように思う。

近年では，アルコール使用障害患者に対して，かかりつけ医や救急医療の担当医が短時間の介入を行う，ブリーフインターベンションが注目を集めている[45]。この介入で重視されるのは，FRAMES（Feedback：患者の問題を指摘する，Responsibility：患者の責任を明示する，Advice：断酒または節酒の方法を説明する，Menu：選択肢を示して選ばせる，Empathy：思いやりと厳粛さを示す，Self-efficacy：勇気づける）の6要素である[36]。ブリーフインターベンションは簡便で費用対効果に優れた技法で

ギャンブルのよいところ （ギャンブルが私にもたらしてくれるもの）	ギャンブルを止めることの弊害 （ギャンブルを止めることで私が失うもの）
ギャンブルの悪い結果 （現在及び将来ありうる問題） 現在： 将来：	ギャンブルを止める利点 （ギャンブルを止めることで私が手に入れるもの）

図1　利点と欠点（文献[18] P.13より引用）

あり，看護師等と協働して実施することも可能である[43)]。

否認の強い患者に対して，自己の考え方に潜む矛盾に気づかせ，治療意欲を引き出すための技法としては，動機づけ面接が挙げられる[27)]。動機付け面接はブリーフインターベンションをはじめ様々な治療プログラムの中に取り入れられている[19, 24, 27)]。治療者は，患者に質問を重ねてその気持ちを語らせ，患者の言葉に対して批判せずその内容を反芻する。そして，患者の思う理想のあり方と現実の行動との乖離を探り，患者がその矛盾に自ら気づくように援助していく。

より単純化した手法として，**図1**に挙げるような四象限の図を患者に見せて，各項目を埋めてもらうというものもある。ここではギャンブル障害の患者向けワークブック[18)]の一部を例示しているが，もちろん物質関連障害にも流用が可能である。

この四象限のうち最も大切なのは，左上の部分である。すなわち，現在の患者の問題行動を維持させている要因を把握することが，患者の行動変容の鍵となる。面接においては，患者にアルコールを飲み続ける理由をできるだけ多く挙げてもらう。そして，それらにいちいち頷いて，「あなたにとってお酒とはそういった意味があるものなのですね」と共感する。共感できない場合，わかったふりはせず，「私はまったくお酒が飲めないので，酔った時の心地よさというのがよくわかりません。どんな気持ちになるのでしょう？　もう少し詳しく説明していただけますか？」等と質問を深めるとよい。そうすることにより，治療者は患者が行動を変えることの難しさを想像できるようになるし，患者は治療者に理解してもらえたと実感しつつ，自らの言動の矛盾に気づくチャンスを得ることができる。その他の象限については，患者に各項目を挙げてもらうか，次回の外来までに書いてきてもらうよう促す。特に下枠の２つについては，治療者から内容を教示することは極力避ける。ただ，例えば「パチンコを続けていると，腰を痛めたり，難聴を患ったりする人もいるのですが，あなたは大丈夫ですか？」といった問いかけはしてもよいように思う。

既にアルコール依存が確立している場合，断酒を促すのが基本になる[15]。そこで患者にそのことを伝え，「今すぐお酒を止められますか」と聞くと，肯定する患者もいる。これは患者による病態の過小評価であることがほとんどであるが，もしここで患者の同意が得られれば，「ではご家族にその決意を身をもって示すということで，今ここで抗酒薬を飲んでみましょうか」等と呼びかけ，その場で cyanamide を服用させるという方法もある[16]。この場合，翌日の外来受診を指示し，１日断酒ができたらそのことを賞賛するのがよい。

逆に断酒の意志がない患者に対し，治療方針を押し付けるような形になると，患者は次の外来に来ずに治療が中断されてしまう。「一般には断酒が必要とされているのですが，飲めないのは辛いことですね。実際には中途半端に飲める方がかえって辛いとおっしゃる患者さんも多いのです。あなたはどうでしょうか」等と含みを持たせておくのもよい。通院が維持されていれば，次第に患者が適量飲酒の困難さに気づき，断酒に向かう場合もある[45]。

なお，重度のアルコール依存患者で断酒が困難であっても，多少の節酒をするだけで身体機能によい影響があるとする見解もある[5]。ただこれは治療者の心の平穏のために知っておくことであって，アルコール依存患者には繰り返し断酒を勧めていくべきであろう。

違法薬物乱用者については，警察への通報の可否がしばしば議論になる。麻薬取締法には通報規定があるが覚せい剤取締法にはなく，また公的病院の勤務医は公務員として刑事訴訟法第 239 条により犯罪を通報する義務を有するが医師として刑法第 134 条第 1 項の守秘義務も負っている等，法的な整合性が疑問視されるところもある。実際には医師の裁量権の範疇で判断することが認められていると解される。筆者の場合，初診の時点において通報することはないが，患者に受療の意思がある限りその希望を最大限尊重することを前提としつつ，通報せざるを得ない場合もないとは言えない旨を予め伝えておく。実際には，違法薬物の他患への譲渡や密売といった多方面への影響が懸念される事態を除いては，自ら通報することはない。

覚せい剤依存患者に対する治療に関しては，近年 Serigaya Methamphetamine Relapse Prevention Program（SMARPP）が開発された。この週 1 回全 16 回のグループワークは，米国で開発された Matrix 治療モデル[35]の流れを汲むもので，患者の安全に配慮しつつ治療参加を強化し脱落を防ぐための仕組みとなっている。多くの専門外来で SMARPP のエッセンスを取り入れた治療プログラムが誕生している[21, 23, 42]。SMARPP で用いるワークブックは平易で理解しやすいものであり，一部のエッセンスを拝借するだけでもそれなりの成果が期待できる。

Ⅳ．治療ステージ毎の留意事項②　再診時

物質関連障害及び嗜癖性障害患者の再診率はおしなべて低い。患者が再診したということは，彼らが治療者との関係性を維持したいと積極的に望んでいることに他ならない。治療者としては，そのような心意気を歓迎し，外来を訪れたことを十分に評価してあげるのがよい。その外来診察が 10 分にも満たない拙いものであっても，外来通院が維持されるだけで，病状悪化を防ぐ役目を十分に果たしていると考えてよいのである。

物質関連障害の治療に関しては，質より量が重要であり，優れた精神療法を提供できなくとも，患者に頻回に通院させていれば，断酒を維持しや

すい。当初は週4回，最低でも週2回の通院が望ましいとされる[23]。

その患者の再来を促し，治療を継続させるにはどうすればよいか。随伴性マネジメントの有効性を指摘するエビデンスが揃いつつある。端的に言えば受診した患者に報酬を与えることである。グループミーティングでコーヒーやお菓子を振る舞ったり[23]，再来患者に商品券を配ったりする取組みの報告もあるが，これらは一般外来では困難であろう。簡便かつ効果的なのは，受診のたびに患者の努力を労うことである。また患者の相談に対し，「そのことについては次回までに考えておきます」と引き取って，診療の連続性を持たせるのもよい。専門外来では，患者に電話を掛けて再来を促すアプローチも行われている[23]。賛否両論あろうが，構造と対象を規定すれば奏効するだろうと筆者は考えている。

再診での診察においては，病状再発の有無及びそのおそれを評価することが最も重要である。前回受診以後，物質使用やギャンブル等を行っていないかを患者に問うわけであるが，筆者は，直接聞くよりも，まずはオープンクエスチョンで生活状況を尋ねるようにしている。そこで患者によっては自己申告してくることもある。その場合，患者が自身の行動に問題意識を持ち，それを医療者に伝えることで何らかの手当が受けられると期待していることになるので，正直に打ち明けてくれたことを十分に評価すべきである[2]。

何らかの理由によりウソをつく患者も少なくない。再使用を隠すのは患者の病理であるから，いちいち感情的に反応してはならない。他方，再使用しているかどうか疑わしいままに診療を続けるのはお互いストレスフルである上に，身体面での病状悪化を放置することにも繋がるので，客観的な指標が必要となる。

したがって，アルコール使用障害に関しては，定期的な血液検査による肝機能のチェックが欠かせない。再飲酒があれば，通常はγ-GTPの上昇を認める。データを見せて患者に率直に尋ねるのがよい。筆者は，「もしあなたがお酒を飲んでいないのに肝機能が悪くなっているのだとしたら，他の病気の可能性があるので，内科で精密検査が必要になるかもしれません。何か心当たりはありませんか」といった具合に，中立的に尋ねるようにしている。

覚せい剤その他の違法薬物に関しては，尿検査の有用性を指摘する声が多い。トライエージ DOA®（シスメックス株式会社）であれば，簡便な尿検査により Methamphetamine をはじめ各種の薬剤を検出できる[29]。ただし保険請求できないため，頻回の使用は現実的に困難である。病状把握のため不定期に実施することを予め伝えておき，時間のあるときに抜き打ちで行う方法もある。この場合，陽性が出ても通報しないことを約束しておいた方が，患者の協力が得やすいだろう。もっとも，患者が検査を拒否する場合，薬物を再使用していることを告白しているも同然なので，それを前提に診療を続けるという選択肢もある[3]。検査を受けないことを理由に診療を拒否するのは，患者と予めそのように取り決めているのでない限り，適切な対応とは言えない。

アルコール使用障害患者の場合，酩酊した状態で受診することもしばしばある。素面でない患者は診察しないという方針を採る精神科医療機関は多い。これは，患者の問題飲酒を強化するおそれを懸念するためである[38]が，そもそも酩酊状態で面接を行っても適切な情報収集ができず，精神療法的な価値も乏しいという理由もある。解毒治療の必要性の評価等，最低限のアセスメントを行い，可能なら翌日の再来を促すのがよい。迷惑行為や暴力等があれば，警察等に通報する場合もあるが，それは他の患者と同様である。

いずれにせよ，物質関連障害及び嗜癖性障害は，脳障害としての側面を有しており[31]，再発を避けがたい慢性疾患である。問題行動の再発や虚偽の申告に憤るよりも先に，再来した患者の誠意を称えることから始めることを常に意識しておくのがよい[22]。

覚せい剤依存患者は，元暴力団関係者で強面であっても，実は自己評価が低く，見捨てられ不安の強い者が多い[29]。筆者の経験上，例えば強い口調で依存性薬剤の処方を要求してくるような場合，応援を呼んで多数の職員で対応しようとすると，かえって反応性興奮を引き起こすことがある。もちろん治療者の安全の確保が前提ではあるが，患者に力で対抗しようとせず，穏やかなしっかりとした口調で患者に座るよう促し，静かな環境で患者の不安を聞き出すのがよいように思う。

再診時の面接で患者の治療アドヒアランスを維持するためには，BRENDA アプローチ（Biopsychosocial Evaluation, Report/Responsibility, Empathy, Needs Assessment/Goals, Direct advice, Assess response to advice）が有効とされる[40)]。患者の状態を評価し，その結果を患者にフィードバックする。そして患者の抱える辛さへの共感を示しつつ，患者のニードを把握したうえで，直接的な助言を行い，患者の反応を見定める。この一連の流れは熟練した治療者なら無意識のうちに行っていることと思うが，慣れないうちは「ニードの把握」と「患者の反応の観察」を特に意識しておくとよい。

V．治療ステージ毎の留意事項③　治療終結時

筆者は残念ながら物質関連障害の患者の治療を完全に終結させたという経験があまりない。治療の質よりも治療を継続した期間の方が予後への寄与が高いという報告がある[13)]。最近のレビューによると，構造化された薬物依存治療における十分な治療期間を定義することは困難であるが，1～2ヵ月では有意な効果を発揮せず，最低でも3～6ヵ月，できれば1年以上継続することが望ましいだろうとされている[33)]。これは構造化された治療プログラムの場合であり，プログラムの終了後も外来通院は維持した方が安全なように思われる。

うつ病などにアルコール使用障害を合併した事例では，飲酒欲求が高まることがうつの再発徴候であることがほとんどである。終結に当たっては患者にその旨を伝え，酒を飲みたくなったら必ず受診するよう伝えておく

のがよい。

Ⅵ. おわりに

物質関連障害及び嗜癖性障害患者の治療は一筋縄にはいかず，臨床家を大いに悩ませてきた。昨今の根拠主義医療の隆盛により，より効率的で負担の少ない治療戦略が見いだせるようになってきたことは僥倖である。しかしそれは，1回10分の面接の中で治療者が患者への敬意と心意気を示すことの代替になるものではない。

紙面の都合で薬物療法の詳細について述べることはできない。これも適応や運用を極力柔軟に考えるのが，治療を成功させるコツであると考えている。いずれの薬剤も治療に必須とは言えないが，一方で種々の薬剤が治療を大幅に進展させることもある。治療者としては薬物療法の可能性を常に意識しておくべきであろう。また治療のもう一つの柱と言うべき断酒会，ダルク等のピア・サポートにおいても同様である。筆者の場合，外来初診の時点で患者をグループに誘うことはあまり行っていない。これは，患者がそのような環境に馴染めるかをすぐには測りかねるためと，患者の見捨てられ不安を掻き立てないためである。外来待合室の目立つ位置にパンフレットを置いておくと，患者が自ら問い合わせてくることがあり，その時が導入のベストタイミングと思っている。

本来，物質関連障害及び嗜癖性障害に対しては，構造化された高強度の外来治療において薬物療法と精神療法，ケースマネジメント等を併用するのが最善である[12)]。しかし，一般診療においてすべての疾患に対し完全武装で臨むことは事実上不可能である。専門的医療を提供している医療者に対しては甚だ不躾な話であるが，筆者としては，個々の技法のつまみ食いが結果的にいいとこ取りになることを願っている。

文　献

1）穐山真由美，金野倫子，内山真：アルコールと睡眠障害．治療，94；510-514，2012.
2）芦沢健：不便な病院の豊かな回復：難治アルコール依存症の回復―双極性障害の併存診断を積極的に行う意味およびアカンプロサートの可能性―．Frontiers in Alcoholism, 3；75-79，2015.
3）麻生克郎：薬物依存・乱用の外来治療における尿による薬物検査の導入．日本アルコール関連問題学会雑誌，6；137-140，2005.
4）Fiellin, D.A., Reid, M.C., O'Connor, P.G.: Outpatient management of patients with alcohol problems. Ann. Intern. Med., 21; 133（10）; 815-27, 2000.
5）藤田尚己，岩佐元雄，長徹二ほか：アルコール性肝障害患者における肝機能等身体に及ぼす飲酒量低減の効果．日本アルコール関連問題学会雑誌，16（1）；53-56，2014.
6）福田貴博：アルコール依存症の否認とその対処法について教えてください．治療，94（4）；539-540，2012.
7）Gray, S.L., Dublin, S., Yu, O.: Benzodiazepine use and risk of incident dementia or cognitive decline: Prospective population based study. B.M.J., 352; i90, 2016.
8）樋口進：WHO 世界戦略を踏まえたアルコールの有害使用対策に関する総合的研究（平成 25 年度～ 27 年度）報告書．2014.
9）岩崎正人：アルコール依存症．治療，73（11）；105-111，1991.
10）加濃正人：ニコチンの依存性．日本小児医学会会報，47；27-33，2014.
11）加藤眞三：内科医のためのアルコール依存症治療．Frontiers in Alcoholism, 1（1）；52-55，2013.
12）Kelly, T.M., Daley, D.C., Douaihy, A.B.: Treatment of substance abusing patients with comorbid psychiatric disorders. Addict. Behav., 37（1）; 11-24, 2012.
13）小林桜児：精神科救急における物質関連障害に対する認知行動療法．精神科救急，16；140-143，2013.
14）Kobayashi, O., Matsumoto, T., Otsuki, M., et al.: Profiles associated with treatment retention in Japanese patients with methamphetamine use disorder: Preliminary survey. Psychiatr. Clin. Neurosci., 62; 526-532, 2008.
15）小西正洋，石井裕正：適正飲酒指導．Med. Practice，18（9）；1539-1544，2001.
16）小杉好弘：アルコール依存症における治療の実際：入院か？外来治療か？．治療，87（8）；2416-2420，2005.
17）Ladouceur, R., Lachance, S., Fournier, P.M.: Is control a viable goal in the treatment of pathological gambling?. Behav. Res. Ther., 47（3）; 189-197, 2009.
18）Ladouceur, R., Lachance, S.（著），椎名明大，長谷川正，伊豫雅臣（訳）：ギャンブル障害の治療：患者さん向けワークブック－認知行動療法によるアプローチ－．星和書店，東京，2015.
19）Ladouceur, R., Lachance, S.（著），椎名明大，長谷川正，伊豫雅臣（訳）：ギャンブル障害の治療：治療者向けガイド－認知行動療法によるアプローチ－．星和書店，東京，2015.
20）Lesieur, H.R., Blume, S.B.: The South Oaks Gambling Screen（SOGS）: A new instrument for the identification of pathological gamblers. Am. J. Psychiatr., 144（9）;

1184-1188, 1987.
21）益山桂太郎，岩野卓，高橋陽介ほか：薬物依存症に対する外来集団療法の有効性に関する検討：SMARPP テキストの導入による参加者及びスタッフへの影響．日本アルコール関連問題学会雑誌，13；143-147，2011.
22）松本俊彦：アルコール・薬物使用障害の心理社会的治療．医学のあゆみ，233（12）；1143-1147，2010.
23）松本俊彦：認知行動療法を取り入れた包括的外来治療プログラムの必要性．日本社会精神医学会雑誌，20；415-419，2011.
24）松本俊彦，小林桜児，今村扶美：薬物・アルコール依存症からの回復支援ワークブック．金剛出版，東京，2011.
25）松本俊彦：アルコール・薬物問題と自殺予防．治療，94（4）；515-520，2012.
26）Mellsop, G., Choi, W.K., Every-Palmer, S.: Drug driven psychoses and legal responsibility or insanity in six Western Pacific nations. Int. J. Law Psychiatr., 2016.（in press）
27）Miller, W.R., Rollnick, S.（著），松島義博，後藤恵（訳）：動機づけ面接法：基礎・実践編．星和書店，東京，2007.
28）中野和歌子，吉村玲児，中村純：うつ病，双極性障害とアルコール・薬物依存．治療，94（4）；506-509，2012.
29）成瀬暢也：精神科救急における覚せい剤精神病患者の治療的対応．精神科救急，16；125-129，2013.
30）成瀬暢也：薬物乱用・依存．臨床精神医学，43（5）；729-735，2014.
31）National Institute of Health: Principles of Drug Abuse Treatment for Criminal Justice Populations - A Research-Based Guide. https://www.drugabuse.gov/publications/principles-drug-abuse-treatment-criminal-justice-populations/principles
32）尾崎米厚，松下幸生，白坂知信ほか：わが国の成人飲酒行動およびアルコール症に関する全国調査．アルコール研究と薬物依存，40；455-470，2005.
33）Proctor, S.L., Herschman, P.L.: The continuing care model of substance use treatment: What works, and when is “Enough,” “Enough?”. Psychiatr. J., Article ID; 692423, 2014.
34）坂根直樹：Q&A アルコール依存症を診断するには？．Q&A でわかる肥満と糖尿病，1（3）；28-29，2002.
35）Shoptaw, S., Rawson, R.A., McCann, M.J., et al.: The matrix model of outpatient stimulant abuse treatment: Evidence of efficacy. J. Addict. Dis., 13（4）；129-141, 1994.
36）高木敏：日常診療における飲酒指導の実際：断酒が必要か，節酒でよいかの見極めのポイント．治療，87（8）；2404-2408，2005.
37）玉木啓，佐藤宏樹，堀里子ほか：体内動態における薬物相互作用を評価する：代謝酵素が関係した相互作用―タバコと CYP1A2 代謝薬剤―．薬局，1（8）；2831-2835, 2010.
38）辻本士郎：アルコール専門外来の経験から：アルコール外来の条件とネットワーク．日本アルコール関連問題学会雑誌，60；74-77，2004.
39）The US Department of Health and Human Services: Treating tobacco use and dependence: 2008 update.　http://www.ahrq.gov/professionals/clinicians-providers/

guidelines-recommendations/tobacco/index.html
40）Volpicelli, J.R.: Alcohol abuse and alcoholism: An overview. J. Clin. Psychiatr., 62（supple20）; 4-10, 2001.
41）Wallace, P., Cutler, S., Haines, A.: Randomised controlled trial of general practitioner intervention in patients with excessive alcohol consumption. B.M.J., 297（6649）; 663-668, 1988.
42）山神智子，寺嶋友美，山縣正雄ほか：埼玉県立精神医療センターにおける薬物依存症再発予防プログラムの取り組み．日本アルコール関連問題学会雑誌，12；149-152, 2010.
43）山梨啓友：実践！ 外来でのアルコール問題．治療，94（4）；558-562，2012.
44）山内直人，野田慎吾，岡田真一ほか：千葉県における薬物関連精神疾患患者の精神科受診の実態．臨床精神医学，29（1）；67-73，2000.
45）吉村淳：プレアルコホリズム外来の治療経過から見えるアルコール治療のあり方．日本アルコール関連問題学会雑誌，16（1）；70-74，2014.

第14章

10分面接による パーソナリティ障害の治療は可能か？

林　直樹　帝京大学医学部精神神経科学教室

Ⅰ．はじめに

本稿において筆者に与えられた課題は，わが国で一般に行われている10分間の面接をベースとした治療体制でパーソナリティ障害患者の治療をどのように行うかを検討することである。多くの医療現場で十分に精神療法の時間を取ることができないのは，わが国の精神科医療体制の重大な問題の一つである。率直に言って，10分の面接でパーソナリティ障害の治療を行うことは，困難である。患者の抱えている問題は，決して浅いものでなく，多くの生活場面や機能領域に広がっていることが通例だからである。しかし精神科医療のこの厳しい状況は容易に改善するものでないので，私たちが現状の中で短時間面接によってどこまでできるかを追求することは意義のある作業となろう。

この検討において筆者は，「10分面接」の可能性を広げるため次のような条件を加えることにしたい。それは，治療者による面接だけでなく，他の治療・支援スタッフとの協働も治療の中に含めるということである。幸いなことに近年では，わが国の外来治療において「10分面接」に加えて，ケースワーカーや訪問看護師などの多職種スタッフや他の関係機関による介入や支援を導入する動きが広がっている。ここにはさらに，家族や職場や学校の関係者の協力を含めて考えることができる。

本稿では，パーソナリティ障害の外来治療を，モデル症例を示しつつ初診（治療導入），再診（危機介入），終結に向けての作業について概説し，若干の考察を加えることにしたい。

Ⅱ．初診：治療導入

わが国において外来治療で一般的に行われている面接を精神療法の中に位置づけるとしたら，そのほとんどは，支持的精神療法（supportive psychotherapy）もしくは精神療法的管理（psychotherapeutic management）ということになるだろう。支持的精神療法は，心理的支持を中心に据えて現実適応を援助することを旨とする治療である。そこでは，表層にあって目に見える現実が扱われるので，固有の精神病理理論や治療理論が必ずしも必須でなく，治療手段としても支持，指示（助言），環境（家族や対人関係など）への介入といった，一般にも行われているものが自由に組み合わされて用いられる。またそこでは，面接の時間や頻度も自由に設定することが許されている。精神療法的管理は特に，個人面接から薬物療法，家族介入に至るまでの種々の介入法を統括することを主な目的として，精神科治療の一部として行われるものを指す。

このような治療をパーソナリティ障害患者に導入する際の課題は，治療における約束事を確認し，治療法の説明を行い治療関係を適切に規定すること，問題の定式化・説明を行うことである[3, 5]。いずれもその後，継続的に取り組まなくてはならない課題である。特に治療導入において重要なのは，治療とは患者が主体的に参加した上で，患者と治療者の協力作業として営まれるものであることを伝えることである。もちろんそこでは同時に，治療者の責任や治療から得られることの範囲も積極的に開示する必要がある。

表 1　変化のステージと変化のプロセスの関係

変化のステージ	前熟考期	熟考期	準備期	実行期
説明	問題を自覚する前の段階	問題を自覚するようになる段階	治療・対策を開始することを検討する段階	実質的な治療作業を実行する段階
生じやすい変化のプロセス（介入ポイント）	意識化（自己観察）	カタルシス／劇的解放 自己・環境の再評価	自己の解放（人生の選択）	拮抗条件づけ，刺激コントロール（刺激制御），随伴性マネジメント，社会的解放（人生の選択）

表 1 では，Prochaska & Norcross の多理論統合療法の記述[8]に基づいて，精神療法で生じる変化のプロセスもしくは介入ポイント（後述）が精神療法の時期（変化のステージ）に応じて変化することが示されている。これは，それぞれの治療のステージに生じやすい変化のポイントや，介入を目指すべきポイントがあるということであり，治療過程を概観するために有用な視点の一つである。治療導入期には，動機づけが特に重要である。前述のようにパーソナリティ障害の治療では，患者の主体的参加が不可欠であり，自分の問題への自覚を強め，治療意欲を固める作業を進める必要があるからである。特にこの精神障害では，外部から見て問題とされるものへの患者本人の認識が追いつかないことがよくあるので，前熟考期と熟考期の作業が重要になる。今井ら[7]は，動機づけ面接を治療初期の熟考期，準備期に用いたパーソナリティ障害患者の治療例を報告している。

患者から示される問題をどのように捉えるかも重要なポイントである。ここでは，問題の領域を Prochaska & Norcross[8]に従って，A. 個人内葛藤，B. 対人間葛藤，C. 個人・社会間葛藤，D. 達成（理想・人生の意味）と分類する見方を紹介したい。これは，人間の苦悩の領域の包括的な分類であり，パーソナリティ障害の治療で遭遇するごく多様な訴えを捉える上で有用なものである。この分類は，患者の訴えをどの領域のものとして受け止めるかという治療者の判断によるものである。後の症例提示でも見られるように，治療の中で一つの問題が別の領域のものとして捉え直されることはしばしばある。

◉モデル症例Ｅさん：治療導入＊1

Ｅさんは，境界性パーソナリティ障害（BPD）と診断されている独身女性である。彼女には，中学時代より断続的な不登校やリストカットが見られていた。家族への衝動的な暴力が生じたことを機に10代後半からクリニックでの通院治療を開始している。その後，ストレスが嵩じる時期に過量服薬を繰り返すようになった。彼女はまた，20歳頃から幻視・幻聴に近い体験や関係念慮といった精神病様症状が出現するエピソードのために，精神科病院での入院を経験している。

ここに示すのは，彼女が20歳頃の初診時の面接である。

Ｅさんは母親と共に筆者あての紹介状を持って，予約なしに来院した。彼女は，退院後，専門学校に通っていたのだが，数ヵ月ほどすると，過量服薬をするようになった。担当していた医師からは入院を断られて喧嘩別れとなり，その足で来院したＥさんと母親は大混乱の状態だった。紹介状の文面からは，母親の一方的な要求への担当医の苛立ちが立ちのぼってくるようだった。

担当医（治療者）がＥさんが入院するとしたら隔離室になると告げると，母親はそれに反発を示した。Ｅさん自身の意見は，「自分の問題が何かもわからない。入院をどう考えていいかもわからない」と言っていたが，さらに探求すると「現在の生活がしっくりこない。自分の生活として選んだものかどうかという判断にも自信がない。それが苦しくて消えたくなる」ということを報告した。担当医はそれに対して，「自分の疑問に答えを出さなければならないというプレッシャーを解除することを課題とし

＊1　この症例は，筆者の臨床経験に基づいて作成された架空のものである。

ましょう」，「過量服薬があれば救急入院になりますが，入院するしないにかかわらず，衝動コントロールの回復は大事な課題です」ということで，当面外来で治療することを提案した。話し合いの結果，処方薬の管理は母親に任せること，専門学校については少しずつ気持ちを固めるようなイメージで考えていくことが方針とされた。この介入によってEさんは，一時的ではあるが，安定を回復することができた。

【症例の治療導入についての考察】

Eさんの初診は，受診の仕方からして型破りであった。それだけ彼女たちが切羽詰まっていたということである。初回面接では，過量服薬の背景にある自己存在感の不安定さが探求され，それを「A. 個人内葛藤」として扱って，それへの対応を指示することが行われた。この時の母親とEさんは，互いに葛藤を強め合っていたが，治療方針を明確にすることで，不安レベルを低下させ，切羽詰まった状況を解除することができた。BPD患者には，しばしば活動をし続けることで，Eさんに見られたような切迫した状態に追い込まれることがある。その状態から脱するためには，自分の疲労・消耗の状態をよく自覚してもらい，活動から離れて休んでもらうことが必要である。筆者はそのような対応を休養の奨めとして報告している[4)]。

Ⅲ．再診：危機介入

パーソナリティ障害の特徴の一つは，障害の発現する領域が広いこと，障害の認められる精神機能の範囲が広いことである。ここからは，患者の生活場面から問題や事件が多く生じるが，その後すぐに日常生活に復帰できることが特徴であることが理解できる。このような患者では，生活が問題の一部であり，問題の一部が生活だと言えるだろう。このような精神障害の治療では，日常生活の中で問題を克服する方法を患者が身につけることを治療方針とすることが現実的である。

筆者は，かねてよりわが国の精神科医療で広く実践されている支持的精神療法は，折衷・統合的精神療法であると主張している[6)]。ここでは，さまざまな治療理論や技法がその場の条件に応じて柔軟に適用される必要がある。最近では，諸外国の研究の中で，いくつもの効果が期待できる精神療法が開発されており，さらに，比較的持続的な病理ではあるものの，豊かな変化（改善）可能性があることが明らかにされている。現在，わが国でも認知行動療法を中心とする治療を実践する努力が展開されつつある。パーソナリティ障害の支持的精神療法では，それらの技法を応用することも有益だろう。

表2には，多理論統合療法でまとめられている精神療法諸理論における変化のプロセスが示されている。これは，変化のプロセスを促す介入（ポイント）の分類として読むことができる。

これらの技法は，表1に示されているように実行期のステージで使用される。そのような作業が行われた症例を次に示そう。

◉モデル症例Eさん：危機介入

Eさんの治療では，導入期の後，対人関係や地域生活の安定が目指されていた。しかし彼女には，就学や就労をすると当初はその場にうまく溶け込むことができるのだが，数ヵ月すると対人関係の行き違いからプレッシャーを強く感じるようになり，好訴的になったり，不安が強まったりして，社会との関わりを断ってしまうことが繰り返されていた。他方，趣味のサークル活動に参加することや，友人，恋人を作ることはスムーズであった。しかしやはり，対人関係や課題に取り組む姿勢にムラがあり，急に熱心になったり，投げやりになったりすることがあった。恋愛関係の破綻に際しては，著しい感情不安定が出現し，家出して警察に保護されるといった衝動的行動のエピソードがあった。家族との葛藤で不安定になるのを避けるために数年前から一人暮らしを始めていた。リストカットや過量

表2　精神療法における変化のプロセス（精神療法の介入ポイント）

	変化のプロセス（介入）	説明
洞察・気づきのプロセス	1. 意識化（Consciousness raising）	自己認識を深めることである。自己観察を勧めることが介入として行われる。
	2. カタルシス／劇的解放（Catharsis/Dramatic relief）	感情を発散・解放することによって葛藤を減少させることである。
	3. 自己の再評価（Self-reevaluation）	自分自身への見方の再考を促すことである。自己評価の棄損された状態にある患者に自らの肯定的な部分に着目することを促すことがその一例である。その結果，回復，改善の希望を感じることができれば，治療作業にいっそう積極的に取り組むことができるようになる。
	4. 環境の再評価（Environmental reevaluation）	周囲の人々に対する評価について再考することを勧めることである。
	5. 自己の解放（Self-liberation）	自分自身への見方を刷新することである。その例としては，自らを社会的マイノリティであると自認し，その視点から行動を開始することが挙げられる。これと次の項目6は，実存分析やフェミニスト療法，多文化間療法などで取り上げられることが多いプロセスである。
	6. 社会的解放（Social liberation）	社会や周囲の人々の考え方の変化を促し，周囲の人々との関わりを刷新するように行動することである。自らの属する社会的マイノリティに対する社会の見方を変えようと活動し始めることはその一例である。
行動志向プロセス・行動療法の技法	7. 拮抗条件づけ（Counterconditioning）	刺激に対する行動（反応）を変化させることによって，条件づけ（症状）を解除することである。電車に乗ると不安が生じるという乗り物恐怖の患者にリラクゼーションを教えて，乗車によって生じた不安を減らすことによって症状の改善を目指すのはその一例である。
	8. 刺激コントロール（刺激制御）（Stimulus control）	刺激を生じる環境を変化させることによって条件づけ（症状）を解除することである。例えば，就寝に不安をいだくようになっている不眠症の人に眠気が出るまで就床しないように指示するという介入である。
	9. 随伴性マネジメント（Contingency management）	環境からの随伴性（行動への反応）を操作することで，個人の行動を変化させることである。例としては，公衆トイレで排尿するのに不安を抱く人が，そこで用を足すと小遣いをもらえるという取り決めをすることが挙げられる。また，随伴性（行動への反応）への認識を変えること（再評価）も同様の効果を挙げるために行われる。
	10. 援助関係（Helping relationship）	患者の訴えを傾聴し，共感的理解を深め，支持をするという作業によって形成される治療関係である。この治療関係の形成は，上記の項目1～9のすべての変化のプロセスの前提となるものである。作業を重ねる中で互いの役割が徐々に具体的に明確になっていくことが一般的である。

服薬，衝動的行動や恋人とのトラブルで感情不安定になることは減少する傾向にあった。

Ｅさんは，社会との関わりを確かなものとする見通しが立たない状況を変えるため，就労支援施設への通所を１年前から開始していた。また，自分自身の希望で担当医の勤務先とは別の施設のＦ心理士（中年女性）による週１回のカウンセリングに数ヵ月前から通うようになっていた。Ｆ心理士と担当医との間では，基本的に互いに連絡を取り合わないことが取り決められていた。彼女は，少量の抗精神病薬と頓服のベンゾジアゼピン系睡眠導入剤の投薬を継続的に受けていた。

次に示すのは，筆者が担当してから約10年後の治療局面である。ここでは，過量服薬が見られたことから，彼女が危機的状態にあることが明らかになった。

その日，Ｅさんは「薬が足りなくなったので処方箋を書いてほしい」ということで臨時の診察（第Ｘ +0回面接）を求めてきた。彼女は診察室に入るなり，カウンセリングを担当しているＦ心理士への不満を語り始めた。彼女は，数日前の面接で「それじゃあ（友人との付き合いは）うまくいかないよ」と厳しく批判されたのだという。そして彼女は，そこから生じたショックと怒りのために処方薬の過量服薬をしたのであった。批判されたのは，Ｅさんの交際を求める姿勢が一方的すぎるということだった。Ｅさんは，身振りを交えながらＦ心理士から「『ずっとそうやって生きていくつもりか？』と言われた。さらに自分の容姿や趣味の活動の技能について辛辣な言葉で批判された」と訴えた。

Ｅさんは，「これまでのカウンセラーよりＦ心理士が気が合うと感じていたのに残念だ。この頃，信頼している人に裏切られることが多い……」と語った。Ｅさんは，すでにカウンセリングを止める決意を固めていた。さらに，Ｆ心理士の上司にも電話をして抗議するつもりだということであった。

担当医は，彼女が見舞われている問題を「C. 個人・社会間葛藤」として対応することにした。切迫したEさんの様子から「A. 個人内葛藤」として扱っても，「3. 自己の再評価」に結びつけるのは無理と判断したからである。そして「F心理士があなた（Eさん）の行動を批判するのは役割を逸脱したことであり，それを不当だと言って抗議するのは正しい」というコメントをした。さらに「過量服薬をするまでの大変な労苦をさせられたのだから，抗議することなどの必要なことだけをして，後はしっかり休んでほしい」と依頼した。そしてそれまで 2 週間に 1 度の「10 分面接」の体制だった外来治療を，しばらく週 1 回にレベルアップすることを提案した。するとEさんは，「週 1 回の診察なら，投薬が少なめにできるから（過量服薬しても）安心だ」と述べてそれに同意した。

その翌日，彼女が通っている就労支援施設の担当 PSW のG氏から担当医に電話がかかってきた。Eさんは，F心理士とのトラブルを就労支援施設の担当スタッフG氏（中年女性，PSW）にも相談したらしい。G氏は，「自分は，自分の人生について真剣に考えていたことを批判された」，「F心理士に対して怒りを感じた」という話を聞いたという。G氏は彼女の問題を，「A. 個人内葛藤」，「B. 対人間葛藤」として受け止めてくれたようだ。さらに，G氏は，「そういうことを言われたら不快になるのは当然です」と共感的なコメントをしながら，Eさんにそれまでの期間，過量服薬をしない時期が長く保てていたこと，自分や周りのことを考えながら衝動的な活動を抑える方針でうまくやれていたことを確認し，さらに，この事件でその方針を組み直さなければならないかもしれないという問題提起をした。その際のEさんの態度はしっかりしていたという。他方，施設の活動には身が入らず，早退したということだった。

次の第 X +1 回面接でのEさんは，表情がすっかり明るくなっており，「F心理士のことはどうでもよい」と述べた。そのような切り替えの早さは彼女の強みでもあるのだが，担当医は，「その問題への対応は，過量服薬するほどの深刻な事態なのですから，きちんとしなければいけません」と自分の問題を直視するように求めた。彼女は，前回面接の後，F心理士の上司に電話をかけて抗議したところ,「それは大変でした」というコメントをもらったという。「あの人の上司だから,何もしてくれないのはわかっていた。でも私の立場を理解してくれたのでもういいと思った」ということであった。担当医はそれに対して,「強い感情を受け止めるのには時間がかかるものです。早々に取り組みをやめるのはよくないです」と助言した。

その翌日にも,就労支援施設のG氏から連絡があった。彼女には,活動に身が入らないときがあり,態度にムラが大きいことが報告された。

1週間後の第X +2回面接にEさんは 睡眠不足で腫らした目で「昨夜バーで心ないことを言われた」と言いながら入室してきた。彼女は,「一種のサービス精神」で,「女性には,寂しくて辛いとき,誰でもいいから抱いてくれる男性を求めるときがある」と話したところ,その場にいた男性たちから口々に「行動が軽率すぎる」と総攻撃を受けたのだという。批判に対して彼女は,「個人の価値観の一つ(自分には他の考えもある)」と理解してほしいと頼んだのだが,彼女が全体的に間違っていると断定されてしまった。前夜から明け方まで言い合いを続けていたので,彼女はほとんど眠らずに外来に来たのだった。その時も怒りとか悲しみが続いていると述べていた。しかし彼女は,その場に居合わせていた女性たちから同情してもらい,後日カラオケに行こうと声を掛けてもらったと述べていた。

ここで初めて,なぜF心理士が彼女を厳しく批判したかが担当医に明かされた。その批判は,Eさんが自分の寂しさを癒すために,愛情が確認できていない(むしろ愛情を期待できそうもない)男性に身を任せることに対してであった。深夜のバーでの議論は,自分自身の取った行動の基底にある心情を防衛するため,自分を肯定してもらうための議論だった。Eさんは,「私だって性的関係だけを求める関わりに実りがないことはわかっている。でもあの人(F心理士)はそこまで人に依存しなければならない経験をしたことがないんじゃない? もしもないのだったら軽々しく私を批判して欲しくない」と述べて,しばし涙を流していた。前夜のバーでも彼女は，本当に追い詰められると人間は誰でも頼れる人を求めざるを得ないということを男性たちに理解して欲しかったのだが，得られた反応は，批判と冷笑だった。担当医は，「体の無理は心の傷の回復を遅らせます」と説明して深夜の外出を控えてよく休むことを強く奨めてその面接を終えた。

翌週，担当医は，E さんから先日バーで知り合った女性たちとカラオケに行ったという報告を受けた。「とても楽しかった」ということである。彼女からはまた，第 X +2 回面接以降，従来の生活リズムを回復させることができていることが報告された。

【症例の危機介入についての考察】

この治療経過ではまず，E さんが過量服薬するまでに追いつめられていたことを担当医が感知できなかったことが問題にされなくてはならない。（後から考えると，彼女は，その 1 ヵ月余り前に恋人との離別を経験しており，その後から対人関係で投げやりな態度を見せていたことが想起される）また，E さんが異性関係の問題を担当医に打ち明けなかったのは，それ以前の「10 分面接」が健康や生活についての助言や投薬を受ける場だと捉えていたからのように思われる。「（過量服薬をして足りなくなった）薬を出してほしい」という第 X +0 回面接の言葉が象徴的である。

E さんは，依存したいから性的関係を結ぶという行動が実りの乏しいものであることを十分自覚していた。自分の欲求を満足させるだけの行動をすることで，互いが相手をしっかり見ようとしない不毛な関わりに足を踏み入れることになる。その結果，彼女は，自分の体験していた強烈な寂しさに加えて，それを癒そうとする行動の虚しさにも苦しめられることになった。その状態で彼女は，自分の心情を肯定されること，受け入れられることを強く求めた。まず，信頼していた（それまで彼女を強くサポートすることに成功していた）F 心理士に打ち明けたのだが，却って厳しく諫められる結果となった。次に彼女は，深夜のバーでそれを訴えたが，再び傷つけられることになった。ようやく第X +2回面接において彼女は，担当医にそれを告白し，涙を流しながら自らの思いを表現することができた。ここで「2. カタルシス／劇的解放」が生じていることは言うまでもない。また，就労支援施設のG氏やカラオケに誘ってくれた女性たちの働きかけによっても受容されたと感じることができた。彼女はその後，周囲の人々から理解してもらえず，口論が繰り返される状態から脱出することができた。そこでは，「4. 環境の再評価」という課題遂行が進められているものと考えられる。

以上の経過を総括するなら，「10分面接」で維持されていた彼女は，恋愛関係の破綻から危機の状態に陥り，さらに自らの行動でその危機を深めて過量服薬を行ったが，治療・支援のスタッフが介入の中で理解，受容を重ねるうちに治療のプロセスが進み，従前の状態に回復することができた，ということになろう。

Ⅳ．治療終結に向けて

パーソナリティ障害の治療は，ごく多彩で持続的な問題を扱うので，特定のプログラムをこなしたら終了となるというものではない。また，長く安定が保てていても，問題が状況によって急激に深刻化する危険もつきまとう。筆者は，BPD患者の治療経過（7人，平均22年）から，患者がライフサイクルの中でさまざまな学習体験を積み重ねて，パーソナリティ障害の特徴を克服していくことを報告した[1)]。彼らは長期間にわたって問題の解決法を学び続けていく存在である。このような時間の経過の中では，徐々に「10分面接」で対応することができる時期が増えていき，最後には他の患者と同様の対応で治療が流れるようになっていくことも少なくない。治療終結に至るのは，患者と治療者が合意して治療終了となるケースの他に，通院が間遠になり，フェイドアウトするケースも多くある。また，長期の経過の中では，転居や転勤によって治療関係から離れて，それが治療の終結となるケースもある。いずれにせよ，治療関係が継続されるか否かに関わらず，患者が自分のあり方を確認し，対人関係の経験を重ねることから学びの体験を続けていくことができればよいのだと思う。

V．結語

本稿で筆者は，いろいろな精神療法理論・技法を効果的に用いるために Prochaska & Norcross の多理論統合療法を援用しながら，わが国で一般に行われている「10 分面接」によるパーソナリティ障害の治療を駆け足で論じてきた。治療方針に沿って順調に推移している時期ならば「10 分面接」でよいのであろうが，治療の導入や危機介入の際は，そうはいかない。しかも強烈な不安や葛藤が生じて，しっかり介入しなければならない危機的局面がしばしば出現するのがこの治療の特徴なのである。

このようなパーソナリティ障害の治療に際して，われわれは，治療に際してさまざまな手段・方法を準備して体制を整えることを考えなくてはならない。筆者の提案は，多理論統合療法の介入のセットのような一定の効果を期待できる介入を幅広く準備し，時機に対応した介入を行うことである。さらに，症例提示で見られたように，「10 分面接」に，他の治療・支援のスタッフによる介入を重ねることが有力な方法となるはずである。このような介入は，本来，治療・支援チームの活動として整備されるならいっそう効果的なものとなるだろう[2)]。さらに，重要な変化（治療）のプロセスとしては，家族や職場や学校などの関係者への介入（環境への働きかけ）を重視するべきである。これは，しばしば強力な治癒・回復要因となる。われわれは，このようなさまざまな方法を組み入れて成果を期待できる治療を練り上げる努力を今後とも積み重ねることが必要である。

文　献

1）林直樹：境界性パーソナリティの治療経過とライフサイクル：長期治療例 7 例の検討から．日本サイコセラピー学会雑誌，12；117-125，2011.

2）林直樹：パーソナリティ障害の対応と治療・概説．林直樹，松本俊彦，野村俊明編：パーソナリティ障害 くらしの中の心理臨床 2．福村出版，東京，p.156-164，2016.
3）林直樹：境界性パーソナリティ障害：精神科・私の診療手順．臨床精神医学，40；278-282，2011.
4）林直樹：境界性パーソナリティ障害と精神的疲労・消耗：精神療法的対応の一つのモデル．精神療法（増），179-185，2015.
5）林直樹：治療導入期における説明：パーソナリティ障害．精神科臨床サービス，5；471-474，2005.
6）林直樹：統合的精神療法・心理療法の考え方とわが国の精神科臨床．精神療法，42；154-162，2016.
7）今井淳司，原井宏明，林直樹：BPD 治療における精神療法の統合：弁証法的行動療法（DBT）と動機づけ面接（MI）の観点から．精神療法，42；208-214，2016.
8）Prochaska, L.O., Norcross, J.C.: Systems of Psychotherapy: A Transtheoretical Analysis, Sixth Ed. Stamford, Cengage Learning, 2007.（津田彰，山崎久美子監訳：心理療法の諸システム第 6 版．金子書房，東京，2010.）

第15章

おとなの発達障害（発達症）
——外来での精神療法と短時間化の工夫——

今村　明　長崎大学病院　地域連携児童思春期精神医学診療部

Ⅰ．はじめに

近年,「私はおとなの発達障害ではないでしょうか？」と言って，来院する人が増えている。診断基準に当てはまる人も当てはまらない人もいるが，当科では基本的に診断基準を満たさない人も，その人のうまくいかない点について，何らかの支援を行うようにしている。ちなみに当科では，DSM-5でのneurodevelopmental disordersの日本語訳が神経発達症群とされていることから，発達障害に該当する状態を「発達症」と呼んでいる。また本稿は，発達症の中でも特に精神科外来で出会うことの多い自閉スペクトラム症（Autism Spectrum Disorder：ASD）と注意欠如・多動症（Attention-deficit Hyperactivity Disorder：ADHD）を対象としている。

この本の趣旨にそぐわないが，私はおとなの発達症の人の診察を行う際には，再診で基本的に30分の時間を使うのが望ましいと考えている。病院経営を考えれば，そんな報酬につながらないことはやめろといわれることだろう。ただ若い精神科のドクターには特に，おとなの発達症の診療のために，外来診療時間が30分取れる枠を数名分だけでも確保することをお勧めする。もちろん漫然と30分使っても意味がなく，様々な精神療法の工夫を行い支援・治療を行っていくことが必要である。30分をいかに有効に使うかを考えつつ，工夫を続けていけば，だんだん30分という時間が短く感じられるようになり，それとともにあなたの全般的な臨床能力は向上していくだろう。

ところで本書は，10分間で何ができるか，というタイトルなので，それに合わせて話を進めていかなければならない。短い時間であっても，少しでも充実した診察ができるようになる工夫をお示しできれば，と考えている。

Ⅱ．初診

初回面接では，まずできるだけ診断のための材料を集めることが必要である。成人期発達症の診断のためには，**表1**の4つのステップを行う。

表1に示したことをできるだけ短時間で効率よく行うためには，アセスメント・ツールをうまく活用することが望ましい。つまり，診察が始まる前の待ち時間に，種々の症状の自己評価表をチェックしてもらい，それを見ながら面接を進めると，かなり時間が短縮できる。

①のステップで最も簡便なのは，ASDではAQ-J（Autism-Spectrum Quotient Japanese Version），ADHDではASRS-v1.1（Adult ADHD Self Report Scale）をやってもらい，それを基にして面接を進めていくことである。AQは50項目，ASRSは18項目あるが，これらをすべて聞いていく必要はない。気になる項目だけでも詳しく尋ねることにより，AQ-Jでは社会的コミュニケーションの障害と反復性・限局性の思考・行動，ASRSでは不注意，多動性・衝動性の症状が，現時点で診断閾値を超えているかどうかを検討する。この際，カットオフ値を超えているかどうかは，参考にはなるが，それで診断が左右されてはならない。あくまで受診者の主観でつけられた評価と考えるべきである。

現症を比較的包括的にとっていくために，文献2の表2－3，2－4，2

表 1　おとなの発達症の診断のための 4 つのステップ

①現時点での診断	誰もが多少は有する社会的コミュニケーションの障害と反復性・限局性の思考・行動，あるいは不注意，多動性・衝動性の症状が，現時点で診断閾値を超えているかどうかを検討する。
②幼少時からの連続性	現在の症状が幼少時から連続して存在していると言えるかどうかを検討する。
③併存症・続発症	その他の発達症の併存や，不安や抑うつを主症状とする続発症があるかどうかを検討する。
④「強み」を含めた特性に理解	本人の「強み」について注目・評価し，本人の治療意欲を引き出すことに役立てる。

－ 5 を活用していただければ幸いである [2)]。ASD と ADHD が併存している例では特に，比較的効率よく症状の把握ができるのではないかと思う。

②のステップでは，幼少時からの症状を ASD では ASSQ-R（The High Functioning Autism Spectrum Screening Questionnaires-Revised），ADHD では ADHD-RS-IV（ADHD-Rating Scale-IV）を使ってチェックする。これらは本来家族がつけるものだが，家族が来院していない場合には，本人にチェックしてもらわざるを得ない場合もある。できれば郵送や電話などを使って本人の幼少時期を知る家族にチェックしてもらうことが望ましい。これらの数値もあくまで診断の参考として使用すべきである。また発達歴では文献 2 の表 2 － 6，2 － 7，2 － 8，2 － 9 を参考にしていただければ幸いである。最終的には一応 DSM-5 で基準を満たすかどうかをチェックしていただくのが望ましい。

③に関しては，ASD が主診断であれば ADHD の併存がないかどうか，あるいはその逆の状態がないかどうかを検討する。純粋な ASD や ADHD といえるケースもみられるが，基本的には若干でもその他の発達症の症状が併存している場合が多い。

また成人の発達症では，かなりの割合でその他の精神疾患を併存あるいは続発している。ASD や ADHD でよくみられる併存症あるいは続発症を**表 2** にお示しするので，該当するものがあるかどうかチェックをするな

表 2　ASD，ADHD の併存症あるいは続発症（文献[2]の表 1 − 13 を改変）

	ASD	ADHD
精神病圏	統合失調症	双極性障害
パーソナリティ障害圏	シゾイド，統合失調型，境界性（精神病症状や解離がみられるタイプ），回避性，強迫性，自己愛性	反社会性，境界性（衝動性が強いタイプ）
抑うつ圏	うつ病，持続性抑うつ障害	うつ病，持続性抑うつ障害
神経症圏	不安症群（社交不安症，パニック症），適応障害，強迫症，解離症群，心的外傷後ストレス障害，身体症状症および関連症群	不安症群（パニック症，社交不安症），適応障害，身体症状症および関連症群，強迫症
その他	睡眠—覚醒障害群，神経性やせ症，性別違和	睡眠—覚醒障害群，神経性過食症，物質関連障害および嗜癖性障害群（アルコール使用障害，ギャンブル障害など）

ど，必要に応じてご使用いただければと思う。成人の発達症の場合，併存症または続発症も含めて診断を行うことを心掛けるべきである。

④のステップとして，主診断と併存症・続発症の診断に至ったのち，次に大事なことは，その人の強み（strength）についても尋ねていくことである。診断だけではなくその人の強みも含めた特性を評価することは重要である。その時に本人が没頭している趣味やある程度の自信を持っていることに関してよく把握しておき，それについて注目し評価することが望ましい。たとえば，遅刻や欠席が嫌いで毎日のルーチンを大事にする人には，まじめさ，勤勉さを評価する。イラストが得意でインターネットのイラストのサイトに投稿している人には，そのスキルを称賛する。ほめられるのが苦手な人は，比較的共感できる趣味を探して，「○○はいいですね」と共感を示す方法もある。その後の治療がスムーズにいくために，初診の時点で良好な治療関係が形成されることはとても重要であると考える。

診断が確定した時点で，診断名の告知を行う。告知に関してはパワーポイントを用いて，できるだけポジティブなイメージが持てるように行っている。当科では「発達症の強み」や「発達症と考えられている著名人」，「自分の強みも含めて，自分の特性を理解すること」などを示すことにしている[2)]。これによってよい治療関係が形成され，自分も変わっていけるかもしれないという意識が高まる。

このスライドは後で見返すことができるようにプリントアウトして本人に渡す。はじめに100円均一ショップで買ってきた20-40ポケットのクリアファイルを渡し，面接のたびにプリントアウトしたものを入れるようにすると，本人も治療者もこれまでの治療の流れがつかみやすくなる。

Ⅲ．再診

再診では毎回の診察で，一言でもよいのでその人の「強み」に関係する話題に触れることはとても大切である。よい部分に関してはそこに注目し，評価し，できるだけのばしていく。また治療意欲に結びつくように話を持っていく。一方でうまくいかない点に関しては，できるだけその人の特性を理解した上で，その人が理解できる言葉で，その人が実行可能な対応法を，できるだけ具体的に明確に示すことが大切である。

おとなのASDに不安やうつが生じるときのメカニズムを**図1**に示す[1)]。また，おとなのADHDの内在化障害，外在化障害がそれぞれ悪循環してエスカレートしていく状態を**図2**に示す。これらの機序を十分理解して対応していかなければならない。私は成人期の発達症の治療として，ADHDが中心であれば，実行機能障害についてコーチングや感情のコントロールについてのトレーニングなどを行っている。ASDが中心であれば，社会的認知のゆがみからくる不安・うつに対して認知行動療法を行い，社会的スキルの不足を補うようなトレーニングを行っている[2)]。ただしASDとADHDは併存することも多く，症状の一部が認められる症例はさらに多いため，どのようなプランで治療を行うかは，そのケースによって変わってくる。そのため，治療者としては，できるだけたくさんの

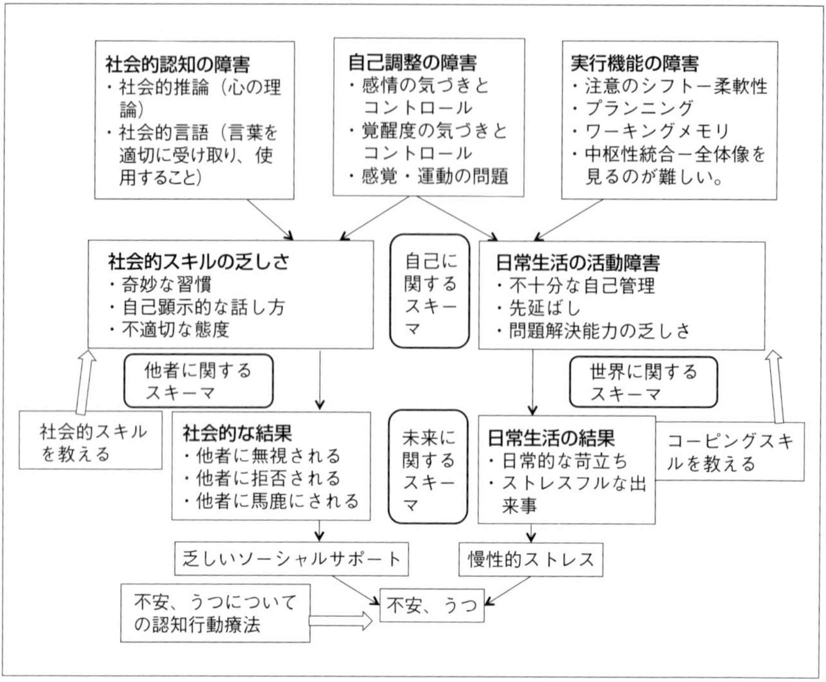

図 1　ASD の不安，うつが生じるメカニズム（文献[1]の図 2.4 を一部改変）

本稿では「不安，うつについての認知行動療法」は「Ⅲ.4 認知行動療法」に，「社会的スキルを教える」は「Ⅲ.5 社会的スキルのトレーニング」に，「コーピングスキルを教える」は「Ⅲ.3 コーチング」「Ⅲ.6 感情のコントロール」に対応している。

引き出しを持つことが必要となる。

以下に当科で行っている治療・支援の方法を紹介する。

1. 自己評価と周囲からの評価の向上（ペアレントトレーニングの応用）

子どもの発達症，特に ADHD にはペアレントトレーニングの手法を用いることが多い。ペアレントトレーニングとは，応用行動分析の考えを臨床に適応したものの一つで，親が子どもを見る視点が変われば，子どもの行動も変わっていくという理論をもとにしたものである。その人のプラスの面をできるだけ注目し，評価することは，その人自身が自分のプラスの

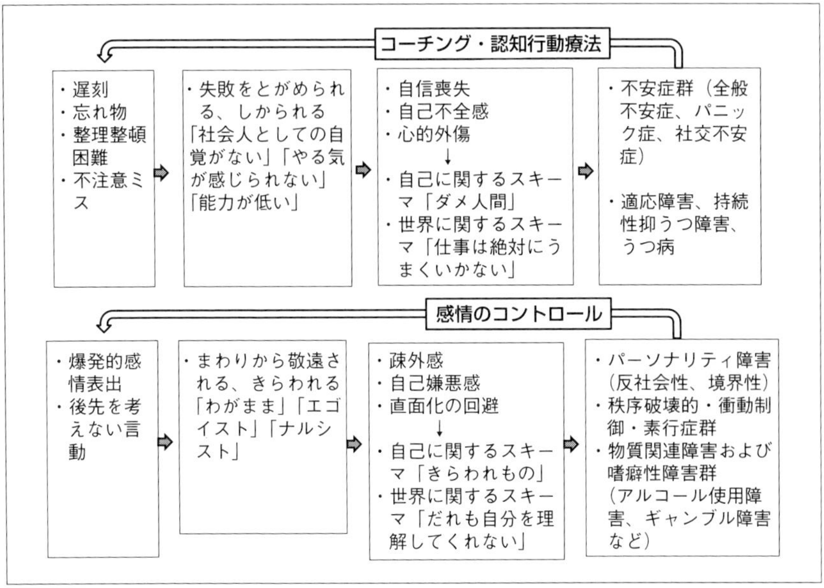

図 2　ADHD の併存症・続発症出現のメカニズム

上段は内在化障害，下段は外在化障害がエスカレートしていくメカニズムを示している。本稿では，上段の対応を「Ⅲ.3 コーチング」と「Ⅲ.4 認知行動療法」，下段の対応を「Ⅲ.5 感情のコントロール」で示している。

面を見つける助けになる。つまり自己評価の低下を改善することにつながる。また，家族や職場の上司にその視点を伝えることは，よりよい家族関係，職場環境につながり，結果として周囲との関係がうまくいくことになる。評価のために心がけることを**表 3** に示す。これを印刷して診察室の壁に貼っておき，ことあるごとにともに見て確認する。このようにまず自分をプラスの目でみられるようになることが，おとなの発達症の改善の大きな力となる。

2. 面接内容の可視化（視覚化戦略）

ASD ではコミュニケーション障害のため，本人がうまく自分の言いたいことを説明できなかったり，治療者の意図が伝わらなかったりすること

表3　自分や他人を評価するときに重要なこと

①当たり前のことを評価する
②好ましい行動はスタート時に評価する
③減点法ではなく，得点法を意識する

が多い。またADHDでは，多弁で話が脱線したり，不注意のため話が頭に入っていなかったりすることも多い。そのため電子カルテで面接を行うとき，会話内容をあえて大きく表示する（たとえば18ポイントで）ことにより，聴覚的認知が悪かったり，注意がそれやすかったり，多弁で話しすぎたり，ということで話の内容がわからなくなることを防ぐ。最後にカット＆ペーストで作ったサマリーを印刷して渡し，その場で前述のクリアファイルに入れてもらう。これはホームワークとして渡すこともできるし，次回この渡したものを基にして面接を進めることにも使える。これがうまく機能すると，面接時間の短縮にも役立つ。なお，このファイルをなくしたりする人も多いため，必ずカルテの中にバックアップを取っておくことが大切である。

電子カルテが使えない環境では，若干の手間はかかるが，その日のまとめをメモ用紙や付箋などに書いて渡し，その場で専用のノートに貼るようにしてもらう。カルテ側にもどのような内容を渡したかがわかるように，下線を引いたり，番号を付けたりする。または，ホワイトボードを用いて，その日のまとめを行い，本人の携帯電話の付属カメラで写真を撮ってもらう場合もある。次回はその写真を見ながら，どのくらい達成できたかを振り返る。

3. コーチング（実行機能障害に対して）

ADHDの中心的問題は実行機能障害として説明されることが多い。またASDもADHDとは質的な相違はあるものの実行機能障害の問題がある（図1）[1)]。この実行機能の問題と最も相性がよいのがコーチングの手法である。コーチングは，**表4**のような手順で進められる。

表 4　コーチングの手順

①適切な目標設定と動機づけをサポート	成人の発達症はそもそも目標の設定がうまくいかない人たちである。目標を立てるのが苦手で，立てられたとしても現実離れした目標となりがちである。そのためできるだけ実現可能な方向での目標の設定をサポートすることが必要となる。
②目標の細分化（スモールステップ）をサポート	次に，一足飛びにその目標に行こうとする人が多く，そのためにうまくいかず断念してしまう人が多いため，できるだけその目標までの過程を細分化して，スモールステップにしていく過程をサポートする必要がある。
③脱線や先延ばしを防ぐための自己監視機能をサポート	また方向付けがうまくいっても，脱線してしまうことが多いため，できるだけ目標からそれていかないように，自己監視機能をサポートすることが必要である。具体的には，次回の面接までのホームワークを設定し，それをチェックすることで，監視機能を強化し目標へ向かって進んでいけるようにサポートする。

薬物療法が必要な方には，まず服薬についてのコーチングを行うことが望ましい。例えば，100 円均一ショップなどで売ってある服薬カレンダー（カレンダーの 1 日 1 日に透明なポケットがあり，必要な薬剤を入れておくことで，服薬状況が視覚的に確かめられる）などの服用支援ツールを活用することを勧める。ここで大切なのは「服薬カレンダーを使ってみましょう」と提案するだけではなく，実際使っているところをスマートフォンの写真でとってきてもらってチェックするなど，治療者が監視機能を持つことである。そうしないと発達症の人は実行機能障害から，こちらのアドバイスが実践できないことが多い。

またスケジュール管理についてもしっかりと指導を行う。普段からメモ帳を持ち歩き，周りから言われたことや，自分で思いついたことを書いていくことを習慣化する。そして夕食後など一定の時間に，そのメモを見ながら，スマートフォンのスケジュール管理アプリか，手書きの手帳に予定を入力していくことを習慣化する。スマートフォンでは，ボイスメモ，アラーム，リマインダーなどもできるだけ活用していく。これらも面接時に実践している証拠を見せてもらうことによって，自己監視機能を補うようにする。

このような手法もひとつひとつを紙1枚にまとめて，すぐにコピーが渡せるように準備をしておくことが望ましい。

4. 認知行動療法（不安，うつなどに対して）

ASDもADHDも二次的に不安やうつが生じる場合が多い。不安，うつなどの続発症が中等度以上の場合は，まずそちらをターゲットとして治療を考える。二次的な不安，うつの治療は，一般的な認知行動療法的手法をできるだけ視覚化して活用している。たとえば，文献1の表7．1のような認知の偏りのサンプルをまとめた表を視覚的に提示し，「全か無か思考」「べき思考」「ラベリング（レッテル貼り）」などの具体例を示すことで，自分の認知の歪みを認識しやすくなる場合がある[1)]。これを診察室の壁に貼って，いつでも見られるようにしておくと便利である。また，本人が家庭でも活用できるように持ち帰り用のコピーを用意しておく。「社会スキルのトレーニング」と「コーチング」による実行機能障害への対応，「感情のコントロール」などを併用すると，さらにうまくいくことが多い。

5. 社会的スキルのトレーニング

社会的スキルに関しては，ASDで社会的トラブルの多い人に対して，社会的困難を感じた場面について，その場面の会話（「　」を使用する）と会話の背景にある考え（（　）を使用する）を視覚化・シナリオ化して示し，場面理解を促す。またそのシナリオを検証・修正したものを用いてロールプレイを行い，それをプリントアウトしたものを会話の練習帳として蓄積していく[3)]。

職場では，コミュニケーションの問題から，うまく報告，連絡，相談（いわゆるホウレンソウ）ができない人が多いため，メール，付箋，メモなどの使用を本人にも上司にも推奨して，できるだけ視覚化できるようにする。コミュニケーションがうまくいかなかった場合，上記のように，そ

表 5　感情のコントロールの 3 つのステップ

ステップ 1 （刺激から離れる）	感情が爆発しそうになった場合，まずその場から離れる。
ステップ 2 （クールダウン）	体の緊張をとるために，深呼吸，ストレッチなどを行う。 顔を洗う，飲み物を飲むなども可
ステップ 3 （ストレスマネジメント）	自分に合ったストレスマネジメントの方法を用いる

の背景にある考えも含めて視覚化し，改善点を示したものをプリントアウトして残していく。

6. 感情のコントロール

ADHD はたとえ普段はおとなしい人でも衝動性から感情が爆発しやすい傾向がある。また ASD は自分のこだわりの枠組みが壊れた時や変化に対応できずパニックになった時などで感情が抑えられなくなる。ADHD も ASD も感情のコントロールを学ぶのはとても重要なことである。私は感情が爆発しそうになった時，**表 5** のような 3 つのステップを実践するように指導している。

また普段からその人に合ったストレスマネジメントの方法をいくつか実践しておくことが大切である。私はストレスマネジメントの手法を，**表 6** のように「癒し系」と「発散系」に分けて説明している。これを参考にして本人に合ったストレスマネジメントのツールリストを作成する。

ASD も ADHD も，このような感情の問題への対応が必要なケースは多い。

7. 感覚の問題についての対応

ASD では様々な感覚の問題がみられる。よく言われる聴覚や触覚の問題だけではなく，嗅覚，味覚，視覚，前庭感覚，固有感覚など，様々な感覚について困難さが生じる場合がある。また過敏な状態だけではなく，鈍麻もあるし質的に感覚が異なると考えられる状態もある。それによって回避的になったり没頭したりすることが，生活上の困難さにつながってい

表6　ストレスマネジメントの方法

A．癒し系（感覚系の癒し）	B．発散系（活動による発散）
a. 身体感覚（リラクゼーション）。例：腹式呼吸，ストレッチ，マッサージなど b. 視覚，聴覚。例：音楽を聴く，動画を見る，ゲーム，ネットサーフィン，ペットの写真を持ち歩いて必要な時に見るなど c. その他の感覚（触覚，嗅覚，味覚）。例：コーヒー，紅茶などのし好品，感覚グッズ，アロマテラピー，スイーツバイキングなど	a. ソフトエクササイズ。例：ウォーキング，エアロバイク，ひとり風船バレー，バットやラケットを振るなど b. 声を出す・話を聞いてもらう。例：「叫びの壺」，カラオケ，誰もいないときは，ペットに話しかける，ボイスメモの活用など c. 時間を気にせず活動する。例：料理，山歩き，ドライブなど

る。このような感覚の問題に対応することが，ASDの人たちの少なくとも一部にはとても重要と考えられる。当科では，耳栓やサングラスなど100円均一ショップなどで簡単に見つかる素材を使って，少しでも感覚の問題を和らげられるようなアドバイスを行っている。

以上のことを踏まえて，10分間で何ができるか？　を検討してみたい。

一つの工夫として，予約制の場合には10分早めに来ていただいて，症状のチェックリストをつけていただくということ，また診察後も10分残っていただいて，発達症の理解を深めるような本やパンフレット，ビデオなどをみてもらったりする工夫があればよいのではないかと思う。評価表のチェックに10分，診察に10分，パンフレットやビデオによる疾患の理解が10分で，合計30分となる。事前の症状チェックには，前述のASRSやAQ-Jとともに，QAD（Questionnaire of Adult ADHD with Difficulty：版権はイーライリリー社）をお勧めする。これは日常生活の満足度を60点満点で評価するもので，主として成人期ADHD用に作られたものであるが，ASDにも役立つものと考える。また診察後の資料としては，発達症の当事者用に書かれた本や当事者の人の自伝などの様々な出版物とともに，イーライリリー社やヤンセンファーマ社が主として成人期

ADHD 用に作成している冊子やウェブサイトを利用していくことも比較的効率のよい方法と考えられる。

また本文中にも示したように，会話の流れを視覚化して，何度も同じ説明をしなくてよいように，必要な資料を壁に貼ったり持ち帰り用のコピーにしたりして準備することも大切である。

Ⅳ．終結

治療の終結に関しては，それぞれの状態で終結に至る道のりは異なる。

ADHD では，ある程度「習慣化」が進めば，薬剤の減量や中止が可能と考える。たとえば不注意症状が強い人の場合には，薬物療法を行いながら，忘れ物をチェックする習慣化を進める。自然とチェックできるようになれば，減量も検討できる。また衝動性が強く，会議などで問題発言をしてしまう人に対しては，一度自分の考えをメモしてみて，視覚的に確認し吟味してから発言するようにする。このように一拍置くことができるようになれば習慣化が進んだものと判断する。

また，ASD では，不安やうつが認知行動療法的かかわりによって改善したら，通院間隔をあけて数ヵ月に 1 回とすることもある。治療終結は通常の不安やうつの治療よりは時間がかかることが一般的である。

ASD も ADHD も社会的スキルや実行機能についてのトレーニング，コーチングが進めば，徐々に通院間隔があいていく場合がある。基本的には生来の特性からくる生き辛さを相談に来られるため，治療の終結が困難な場合が多い。伴走者として長く並走し続けるつもりで診療に臨む覚悟が必要がある。

Ⅴ．おわりに

おとなの発達症の診療は，薬物療法の比重が基本的に小さいため，精神療法において自分のあらゆるスキルを導入する必要がある。治療がうまくいくことによって治療者自身もだんだん自己効力感が高まってくれば，それが最も理想的だと思う。

本書のテーマである「10分間で何ができるか？」ということであるが，事前にチェックリストをチェックしてもらうこと，診察後に発達症の理解のための資料を見てもらうこと，視覚化戦略を使うことなど，いくつかの工夫を示した。短い時間でも実のある診療ができるために，多少でもお役に立てれば幸いである。

発達症の精神療法で最も大切なことは，初診の段階からうまく相手を乗せることである。そもそも発達症の人は，実行機能の問題のために通院・服薬が計画通りいかない人たちである。たとえば通常のうつ病の患者と同じように病気／障害モデルで接していて，「あなたは病気なので治療が必要です」というスタンスで説明を行うと，「もともとの性格だからほっといてくれ」「この状態でずっとやってきたんだ」などという反発が起こり，次から通院しなくなることがある。それよりも「あなたの現在の状態はうまくいっていないが，これはあなたの特性のマイナスの面が出ている状態で，これからの治療や支援で，特性のプラスの面（強み）が表面に出せる可能性がある。うまくいけば社会的に大きく変わっていける可能性がある」と説明した方が，また次も来院してみようという気になりやすい。

このようなスタンスで治療を行うと，治療や支援を行う側も受ける側も，妙な緊張関係が生じず，楽な気持で治療を進めることができる。お互いの精神状態に余裕を与え，治療の場が楽しいものになることが，発達症の治療に最も大切なことだと感じている。

文　献

1）ヴァレリー・L・ガウス（伊藤絵美監訳，吉村由未，荒井まゆみ訳）：成人アスペルガー症候群の認知行動療法．星和書店，東京，2012.

2）今村明：おとなの発達症のための医療系支援のヒント．星和書店，東京，2014.

3）今村明：精神科外来での診断と支援．精神科臨床サービス，14；395-401，2014.

第16章

発達障害のある子どもとの外来治療

岡田　俊　名古屋大学医学部附属病院親と子どもの心療科

I．初診

1．来談までの経緯を想像する

いかに精神科受診の敷居が低くなったとしても，子ども自ら精神科受診を希望したというケースは稀であろう。受診に至った経緯には，親が不安に感じた，担任から受診を勧められた，健診で発達障害の疑いを指摘された，などさまざまである。受診にあたって，親はインターネットや書籍で情報を得ている。そのため，発達障害の診断を受けるのではないか，しかし，それが支援のきっかけになれば，と思う反面，どこか受け入れられないような複雑な心理的な構えを持って来談するのである。

親が当初悩んでいることと発達障害の特性と思うものは必ずしも一致しない。しかし，ひとたび発達障害かもしれないと思うと，これまで何気にその子の個性と思っていたことが，許せなくなったりする。いままでは，ミニカーを一列に並べていたり，障子を開け閉めしていても，この子はこんなことが好きなんだ，とありのままに思えていたものが，そんなことやめなさいと叫び，絵本を読むからそこに座りなさい，などと無理な要求をしてしまう。そのことに親は罪悪感を感じ，また，無力感を感じるのである。発達障害の診断を受けに行くことについても，親が子育てのなかで対処すべき範疇ではないのか，発達障害の診断を受けさせに行くことがこの子のためなのか，親のエゴなのか，と罪悪感を感じていることも少なくない。

2. 待ち方をみる

まず診察を始める前に，待合室での待ち方をみて，予診用紙の内容や書き方と照らし合わせて十分に思いを膨らませる。予診用紙には，その内容だけでなく，その書き方のなかに多くの情報が詰め込まれている。回答の枠を無視して，初めから用紙の隅から小さな字でぎっしりと書き込まれたり，パソコン打ちの情報が添えられている場合もあれば，最初は回答欄に比較的大きな字で書かれていたものが，次第に感情がこもり，小さい字で書き込まれているケースもある。一生懸命書こうとしながらも，それを消して，「診察の時にお話しします」と書いてあることもある。まとまらない，とも言えるが，まだ顔の見えていない相手に対して開示することに対する警戒感が覗えることもある。予診用紙の書き方だけでも，患者家族の受診を巡る思いや葛藤を知ることができる。

待ち方は実にさまざまである。学校の三者面談でも待っているかのように，親子ともに背筋を正して堅くなっていたり，母親がごそごそと鞄の中を触っていたり，メモをじっと握りしめたり，その内容を確認していることもある。子どもが横に寄り添って座っていることもあれば，背中合わせ，あるいは，はるか遠くに座っていることもある。子どもがけたたましく走り回り，親が金切り声を上げて追いかけているケースもあれば，親が呆然と立ち尽くしているケースもある。親子関係のあり方や，家族がその子の行動に対してどのように対処しているか，どのような思いで診察に臨んでいるのかが明らかになる。

3. 出逢いの瞬間をみる

最近では，プライバシー保護の観点から患者さんを番号で呼び出すことが増えたが，初診だけは，自ら出向いて名前で呼び，そのときの反応も含めて観察することが大切である。

親が立ち上がり，ゲームをしている子どもに早く切り上げるように促すのはよくある光景だが，なかには子どもが先に立ち上がって，雑誌を読みふけったり，携帯電話で話し込んだり，SNS（ソーシャル・ネットワーキング・サービス）に没頭している親を，子どもが「呼ばれたよ」と立つように促している光景も少なくない。

診察室は，初診時点ではあくまでも面接者側の空間である。診察室内に突進してきて，ぐるっと回って飛び出していく子もいれば，一歩踏み入れたところで堅くなり，親の手をぎゅっとつかんで，親の顔を見てから入室する子もいる。医師の存在など，まったく気にすることのないようなそぶりで，おもちゃに向かっていく子もいる。そのようなサインから，新しい状況に対する緊張，親がその子にとって安心基地となっているのか，そのような反応に対する家族の接し方などを知ることができるのである。

4. 子どもから始める

まず子どもから始めることが大切である。主訴は，親の側にあることが多い。だからこそ，最初に子どもの目の高さに体をかがめ，子どもに話しかけるところから始まらないと，子どもが主役の相談の場とはならない。

そして，今日の相談事を聞き，それが「ない」「わからない」というのであれば，本日の通院に当たってどのような説明を受けたのかを聞く。特に聞いていないということであれば，「親は何を心配していると思うか」を聞く。

そのうえで，園や学校での生活を聞く。勉強のこと，休み時間の過ごし方，友人関係，担任の人柄と関係性，得意不得意，ノートをとれているか，プリントは親に渡っているか，放課後の過ごし方，習い事などである。また，家庭での時間の過ごし方，親やきょうだいとの関係，家事の手伝い，褒められること，怒られること，などである。問題探しをするのではなく，日常生活の全般，なかでも，その子が好きなこと，得意なこと，褒められることにも興味を持って聞き，ときには感嘆したり，ときには教えてもらう。子どもは，とても生き生きとして教えてくれるものである。そのうえで「あなたとしては困っていることはないんだけど，なぜかは知らないけれど，今日は病院に行こうと言われたんだね。じゃあ，親御さんが何を相談しようと思ったのか聞いてみようか？」と問いかけるのである。

5. 親の語りにチューニングする

子どもの話を十分に聞いていれば，まだ話していないにもかかわらず，親との一定の治療的な関係はできているものである。そこで，親が相談に来た理由から話を聞いていく。受診に至る経緯，迷い，どのような目的と思いで本日来談に至ったのか，多くの場合には，インターネットや書籍などでどのような情報に接し，どのように感じたり，考えたりしたのかを聞いていく。また，受診や治療について，家族のとらえ方に相違があることも多いものである。その点も，セラピストの側から聞いて扱っていく。

親からはその子の抱える問題歴だけが語られがちだが，その子の育ちや生活全般を聞いていく。そのなかで家の間取りなども確認し，そのなかで家族の一人一人がどのような動線で生活をし，どういった交流があるのかも聞く。子どもの診察では，薬物療法だけでなく，きょうだい一人一人の時間やスペースを確保したり，気が散らないように自宅空間の使い方を相談したりすることなども求められる。そのようなとき，どのような家であるのかを知っておくことは，経済的状況も含めて家の実情に合わせたアドバイスをしていく上で重要である。家族の帰宅時間や，仕事の内容，子どもとの関わりなども尋ねる。こういった姿勢が，問題歴のみを聞いて，それをもとに診断を下されたというのではなく，その子の生活全体を見て判断してもらえたという安心感にもつながる。

発達歴や発達特性を評価する際に，しばしばチェックリストが用いられる。しかし，それを文字通りに受け取ることはできない。チェックリストの回答も，幾度も迷ってつけていたり，実際にその内容を聞いてみると，実情とは大きく異なる場合がある。たとえば，診察場面でアイコンタクトが不良であると思っても，チェックリストには「目と目が合わない」ということには「いいえ」と回答されていることはしばしばである。目と目が合わない子どもをそのまま放置せず，目を合わせようとするのが親であり，実際に，多くの場合，それなりには合ってくるものである。また，「ごっこ遊び」をすると回答していても，その内容は，テレビの場面の再現であったりして，想像性や柔軟な対人交流が存在しない場合もある。チェックリストがあっても改めて丁寧に聞いていくことが，発達面の評価には不可欠であるし，そのなかで家族の観察眼や思いも評価することができる。

6. 解釈モデルを確認し，受容する

これまでの親が話した内容から，子どもの特性や症状とそれに伴って生じている困難や懸念を要約して，確認する。そこで，その困難に対する親の解釈モデルを引き出しておくことは重要である。たとえば，「私の対応が間違っているんじゃないか」，「学校がもう少し理解してくれれば」，「私の方がおかしくなって，育てる自信がない」，「これからどうなっていくのだろうと思って」などという。親が初診時に語る主訴は「発達障害かどうか診てほしい」，「うつ病ではないか」といった無味乾燥なものだが，真の主訴はこのときに語られることが多いものである。その主訴に対し，「たしかに……」と受容することが，今後の継続治療の出発点になる。

こういった真の主訴は，診察終了の直前に語られることも多くみられる。次回の受診について話をしたあとも，鞄を膝の上にたてたままじっとしていて「先生，……っていうことはないですよね」「……大丈夫ですよね」と，あたかも付け足しのように語られる質問の中に真の主訴がある。刑事コロンボではないが，この瞬間を大切にすることが肝要である。

7. 子どもに立ち返る

子どもは，これまでの間，じっと親の話に耳をそばだててはいるが，注意はとぎれてしまったり，理解できなかったりしている。子どもを退席させていたとしても，診察室のなかで親が何を話しているかと思っているものである。そのため，待ってもらったことをねぎらったうえで，親の心配を要約し，本人に確認することが大切である。子どもは親の心配を真っ向から否定することはほとんどない。「確かにそういうところはある」「でも，自分ではこんなふうに思っているんだ」などと自分なりの考えをもっていることもある。そのうえで，その点について自分はどうなりたいと思っているのか，解決を求めているのかを聞くことが，その子との治療の方向性を定めるには不可欠である。

8. 出発点となる解釈モデルを共有する

子どもの特性や症状は，その子の困難と直結するものであるから，その子や家族から見てもネガティブにとらえられがちである。しかし，そのような特性は，その子の強みと裏表の関係にある。「まっすぐなところがあるんだけれど，対人関係にちょっと不器用さがある」，「人に思いを伝えたい気持ちは強いのだけど，その思いをうまく伝えられない」，「相手の気持ちを読み取らないと，という思いはあるがうまく読み取れずに混乱する」，「関心のあることは一生懸命に取り組めるが，みんなの関心とちょっと違う」，「とてもやさしく，まっすぐなんだけど，感情が高まるとコントロールできない」といったように対にして伝えるとわかりやすいものである。

また，親は自らの子育てについて否定的な認識を持っていることが多いものである。子育ての至らぬ点を指摘するのでは，落ち込ませたり，逆に受け入れがたい思いをさせてしまう。「親御さんとしては，この子がこのように振るまった理由がとてもよく見えているのだけど，思わず感情的になることがあって悩んでいるのですね」，「学校の先生も一生懸命取り組もうとしてくれているのだけど，もう少し良い工夫があるのではないかと，もどかしく思うんですね」,「いまは大丈夫でも，この子が将来いじめられるのではと思うと不安でたまらなくなるのですね」,「いまもいろいろな人が精一杯支援しているのだけれど，この子がもっと過ごしやすくなるような支援はないかと思うのですね」といった表現をする配慮が求められる。

子どもの問題が，その子の発達障害や精神疾患によるものであっても，それを単純に結びつけてしまうと，絶望的な気持ちにさせたり，受け入れがたい気持ちになってしまう。その子に特性があるから，親の子育てや周囲の対応が悪いからではなく，その子の特性や症状から出発して，そこで生じてくる悪循環と考え，そこを出発点とすることである。治療者が仮に解釈モデルの全容を把握していたとしても，それを提示したからといって真に伝わるわけでもないし，現実にも言葉にした時点で真実とは微妙なずれが生じてくるものである。あえて，簡略な出発点としてのモデルにとどめて，そこに余地を残す。またその余白部分は，治療者のなかではなく，親のなかで育っていくというスタイルこそが大切なのだと思われる。

9. 診断について扱う

病院を受診する際には，何らかの診断を受けるということは想定していても，その診断と共に生きる現実を受け入れる心の準備はないのが普通である。発達障害の診断は，現在の困難を説明するだけでなく，これまでの人生で経験してきた苦労をそれと関連づけることに他ならない。そこには，困難を抱えながらもさまざまな工夫をしながらやってきたが，なかなか芳しい成果を上げられず，親が心ない言葉を浴びせたり，時には手を上げてしまった経過がある。そして，いま不適応になって，親子の中で解決するのをあきらめ，医療にその手助けを求めているのである。たった，ひとことの診断告知のなかで，悔しさや無力感や罪責感など，さまざまなことが患者と家族の心の中でかけめぐる。

そのような場合，かりに一瞥して診断が明らかであったとしても，誰が見ても明らかにその診断である，とか，診断が見逃されてきた，というような表現をするのではなく，少し距離を置いて，診断基準に照らして，親とともに確認するという作業が大切になる。たとえば，「先ほど，親御さんからは，この子が対人関係で不器用なところがあって，心配をされている，というお話がありました。生来，対人関係の不器用さがある，という子のなかには，自閉スペクトラム症という診断を受ける子もいるわけですが，そういったお子さんには，言葉や言葉を介さない相互的なコミュニケーションが苦手であったり，こだわりが強かったりということがあるのですね。お子さんの生育歴についても詳しく伺いましたが……」といったふうに伝えながら，家族とともに診断基準に当てはまるところ，当てはまらないところを確認していくとよいであろう。

発達障害の診断は，晴天の霹靂ではなく，親も気づいている特性の集まりのことである。そして，なぜ診断があるかというと，そういったパターンの特性のある子はいっぱいいて，その子たちにはうまくいくためのコツがある。そのことをはっきり意識し，この子のことを考えたり支援を利用するために「診断」があることを伝えることは大切である。また，親は診断の有無に執着しがちである。しかし，発達障害の診断は，その一つ一つが病理的とはいえず，年齢不相応な「程度」であるか，日常生活に支障を来しているかどうかによって診断されているに過ぎない。そう考えれば，診断の有無で一喜一憂させるのではなく，その時間をこの子のために使えるように支えることも大切である。

最初の時点で，どれだけ発達障害の診断基準について説明したとしても，その後に親の記憶に残っているのは，多くの項目には当てはまり，一部は当てはまらなかった，という事実に過ぎない。重要なことは，告知が見通しを与えることである。発達障害が生涯にわたって持続すると言っても，それは中核症状であって，コミュニケーション・スキルの獲得，感情制御の発達，あるいは，構造化された時間や空間が提供されるなかで多くの症状が変わり得るし，中核症状でさえ，スキルの学習によって，より困難が軽減する。一方で，青年期以降には新たな悩みや併存障害も出現するかもしれない。しかし，ここで「伝わる」べきことは，そういう人生をともに歩み，考えてくれる治療者や支援者がいるということである。

Ⅱ．再診

1．実生活上の問題を具体的に扱う

初診で治療の枠組みができていれば，再診で行うことは「その後いかがですか？」というとてもシンプルなことの繰り返しである。発達障害の子どもは，このような開かれた質問に対して何を答えてよいか困ってしまうが，家庭のこと，学校での勉強のこと，仲間関係のことなど，生活の全般について触れていくなかで，再診で相談をするスタイルが定まっていく。

ここで重要なことは，初診の来院の主訴になった行動上の問題の軽減をアウトカムの指標とはせず，発達障害とともに生きる子どもの生活を，子どもの視点に立って考え，親と共有すること，また，発達障害のある子の子育てを親の視点に立って共感することである。治療というのは，子と親を治療者のまなざしのもとに置くことだが，同時にこのようにさまざまなまなざしを共有することでもある。発達障害の子どもへの対処がときに技法論のように語られるが，発達障害の特性に照らして子どもの視点に立ってみれば，自ずと対処は見えてくるものである。このような腑に落ちる体験こそが，親の理解を進めるし，さらに就学以降，学校の先生を始め，多くの支援者に子どもの体験を伝えたり，理解を求めていく上でも役立つのである。

2．ライフステージにおける課題を扱う

発達障害の診断を受けた子どもに対して治療者や支援者が行えることは，治療ではなく，育ちの支えである。実生活における困りごとを具体的に扱うという素朴な営みだが，そのライフステージで直面する発達課題についても扱っていくことになる。

例えば，自閉症スペクトラムのある子の育ちについて考えてみよう。自閉症スペクトラムのある子は，親に対して愛情欲求のサインを送ることが少なく，また親からの働きかけに応じることも少ない。このような状況では，親は自らの子育てに対する効力感も感じにくく，他方，発達障害のある子も，親の夕食の支度のまな板の音を聞いて温かみを感じる，というわけにもいかず，親が絶え間ない愛情を注いでいても，その事実に気づかない。

分離に際しても，自閉症スペクトラムのある子は，きわめて分離が容易か，分離に際してまとわりつくように離れないかの両極端になりがちである。子は，親を安心基地としながら，少し離れては不安になって戻ってくる，ということを繰り返しながら分離を果たすが，発達障害のある子は，見守られているという感覚を抱きにくいため，物理的分離がそのまま強い不安へと結びつきやすいのである。また，想像力を働かせにくいため，保育園や幼稚園に自分を送り届けた後，自分のことを思い浮かべながら家事や買い物をしてくれている，また時間になったら迎えに来てくれる，といったことは実感がわかない。

社会性が発達してくると，他の子と同じように仲間がほしい，という気持ちになる。しかし，仲間関係を形成するスキルに乏しく，ちょっかいを出す，同じものを持っている，徒党を組む，など，不適切な行動や形式的な「仲間」関係になりがちである。そのなかで微妙なずれを感じたり，しばしば周囲から利用されたり，からかわれたりするなかで傷付きを深めるのである。自閉スペクトラム症の子どもたちは，レジリエンスが低く，傷付きから回復しにくい子どもといえる。一般的には，危うく死ぬようなトラウマに対して起こるような，フラッシュバック，抑うつや過覚醒，その体験を想起させる刺激の回避などが起こることもしばしばである。

二次性徴を迎えると，大人に成り行く身体像を受容するとともに，社会的に求められる男性性，女性性を受け入れ，性同一性を確立していく。しかし，自閉スペクトラム症の子どもは，身体像がばらばらの身体像にとどまり，体全体が自らの意思のもとに動く一体感のある存在であるという感覚に乏しいところがある。そのため，身体的な変化はそのまま違和感として受け止められやすく，さらにそこに性役割を受け入れるなかでの混乱や異性との交流のなかでの傷付きが加わると不全感を募らせることになる。

いわゆる社会的問題行動のあるクライエントと会っていると，「大人に言ってもどうせ理解されないし無駄」と言ったり，「親にも嫌われているし，自分のことが嫌い」「居場所がない」という。自分がそのような感情や行動に至った理由を確認されることもなく頭ごなしに叱られたり，学校でも教師は親しみを持って接したつもりかもしれないが，その子にとっては周囲の子と一緒になってからかわれた，と感じて大人に対して失望していることも多い。このようなケースでは，自分が本当に追い詰められたときに，大人に相談せず，「自分が死ぬか，大きなことをして状況を変えるか」という思いになり，本来，その子を追い詰めたのと必ずしも結びつかない突飛な行動に至ることもある。また，客観的には，あたかもその子が傍若無人な振る舞いをして，そのことに親は悩みつつもその子のことを必死に考えて子育てをしていたとしても，子どもは親の感情的な言動だけから嫌われていると感じ，同時に親を悲しませている自分自身に対して肯定感が育めないでいる。Erikson, E. H. のライフサイクル論に照らしてみると，自閉スペクトラム症の子の抱える問題は，乳児期から青年期までに至る発達課題における躓きであり，そのことが成人期以降につながっていく。特性に対する援助だけでなく，自閉症スペクトラムのある子の育ちを踏まえた援助が求められるといえる。

3. 薬を服用するという体験の意味を理解する

精神科に通院するもう一つの役割は，薬物療法であることもある。自閉スペクトラム症の易刺激性や興奮性に対し，新規抗精神病薬が使用される場合もあるし，注意欠如・多動症に対して，methylphenidate 徐放錠や atomoxetine などを用いることがある。しかし，他の病気と異なるのは，発達障害があるから服薬をしなければならないのではないし，治療をしないからといって，自然経過が悪化するとは限らないというところである。だからこそ，服薬がもたらすメリット・デメリットを十分に伝え，家族と本人の自由な意思決定を尊重する必要があり，有効性と副作用という視点だけではなく，服薬を継続することが本人や家族にどのような意味を持つのかについても十分に配慮しなければならない。

日本には，「薬に頼る」，「薬漬け」，「薬を卒業する」といった言葉があるが，これらは薬による治療が姑息的であり，薬物療法による治療を受けることは情けないことで，本来は意志の力やカウンセリングなどの方法で直すべきだ，という潜在的な認識があることを示している。加えて，今日では，精神科の薬物療法に対する否定的な情報も多く提供されている。このようななかで薬物療法を安心して受けるためには，稀なものも含めて副作用などの否定的な情報についても伝え，製剤写真なども用いて服薬に伴う感覚についてもイメージが湧くように配慮するという率直でオープンな姿勢が求められる。

薬物療法は，効果があればそれで良い，というものではない。効果が現れれば，それに伴う戸惑いも生じる。例えば，注意欠如・多動症について考えてみよう。注意欠如・多動症の子どもは，まだ身体的に未熟で，親と密着した存在である間は，安定した親子関係を築くことができる。しかし，徐々に運動能力が向上してくると，周囲のさまざまな感覚刺激に過度に反応し，落ち着きがなかったり，癇が強いといった特性が見え始める。熟慮する前に行動が，行動するよりも先に感情が立つので，先を見通して行動を決定できず，目先のことにとらわれたり，リスクを顧みない行動をとって失敗をしたり，非を指摘されると，理屈の上では納得できるはずのことであっても，感情を収めることができない。また，些細なことに気が散りやすく，周囲を適切に見渡して，適切に注意を絞るということができない。こういった注意欠如・多動症の特性は，本人にとって，自分がコントロールできず，同時に周囲のことが把握できないという不安と困惑をもたらす。また，衝動的な振る舞いがある子もいる。力加減のわからないまま衝動的に母親を突き飛ばしてしまったりして，その後は母親がびくびくとして子どもの顔色をうかがってしまう。父親から懲らしめられるのではと怯えたり，自分を包み込んでくれるような母親像が崩れ去ってしまい，その喪失感と罪責感に苛まれることもある。

注意欠如・多動症の診断基準をみると，客観的に観察される行動特徴だけで書かれていて，その人自身の主観的な体験を表していない。しかし，発達障害と共に生きることはその子の体験であり，またそれが改善することもその子の体験の変化なのである。注意欠如・多動症の子どもでは，実行機能，遅延報酬，時間感覚の障害といった神経心理学的障害があることが指摘されているが，この意味するところは，少し先に向けての「今」を生き，その時点における感覚や感情を優先して意思決定する，誇らしさには鈍感であるが，失敗すること，失うことへは敏感であり，同時に傷つきやすい，さらに多種多様な刺激のなかから，今，自分が注目したい，あるいは，注目すべき対象に焦点を絞ることができない，ということである。このような主観的な体験は，同時に心理的体験を伴う。少し先に向けての「今」を生きることはすべてが新しく楽しい。興味はつきることがないが，同時に向こう見ずでもある。誇らしさへの鈍感さ，喪失への敏感は，動機づけの乏しさや自尊心の傷つきをもたらす。さまざまな対象から焦点化できないことは，もどかしいだけでなく，状況が読めず，不安・困惑を伴ってくる。

そして，治療薬を服用して症状が改善するということは，その子がこれまで持ち得なかった分析的思考を手にすることであり，そのことは面白みに欠けるかもしれない。また，これまで思いも至らなかったことが見えるという困惑であるかもしれない。他方，親も妙に落ち着いたわが子を見て，この子らしさが損なわれたのではないかと困惑することもある。これまでなかなか見えなかった本当のその子らしさが見えるまでには，幾ばくかの時間が必要なのである。こういう戸惑いをフォローすることも治療者の仕事である。

副作用については，思考に生じた変化や，体の感覚について具体的に聞くことが大切である。注意欠如・多動症治療薬を服用中でも，なんとなく変，休まらない感じがある，薬が切れると疲れる，一つのことが気になるとどうしようもなくなる，子どもたちの訴えはさまざまであり，それを子どもたちの表現で語らせることが大切である。

Ⅲ．終結

発達障害の支援が，発達障害のある人の育ちの支えであり，ライフステージにおける発達課題を扱うと考えれば，発達障害の支援に終結はない。しかし，診療という点について限れば，できれば小休止はあるべきだと考えている。特に年少から通院している場合には，物心がつくと通院していたという状況で，子ども自身は好んで通院するが，子ども自身には通院の動機が実は見つからない子もいる。こういった場合には，あえて1度，通院を終了し，何か困りごとが出た時点で，子ども自身の主訴を出発点として仕切り直しをすることも大切である。また，現実的な制約，たとえば進学すると病院の診察時間に通いにくくなったといった理由で，いったん通院を終了することもある。そのような場合には，これまでの一連の経過を振り返った上で，自分自身や大人と相談するなかで解決できるようになったことをその子と一緒に確認しておく。他方では，また困りごとがあれば受診の門戸が常に開かれていることを伝える。

発達障害の診療に当たるとき，自分はいったい何人の子どもの主治医なのか，わからなくなることがある。数年間の通院中断の後，再受診した子どもが（そして親も）まるで先月受診したかのように話し始める。それは相手の理解の有無が十分に推測できない心の理論の障害があるからだと言えば，身もふたもないが，同時にそれは数年の通院中断があったとしても，自分がその子の主治医であり続けていたということであろう。講演会場で，聴衆の方が話しかけてきて「先生に診てもらってた○○です」などと言われることもある。思い出せることもあるが，その一瞬では，名前に記憶はあっても，成長したその子の顔を見るだけでは思い出せないことのほうが多いものである。しかし，その困っていたときに相談に乗ってもらっていた，という体験は，その子のなかで生き続けていたのだろうし，そういう大人がいることが社会とのつながりのなかでかすかな安心感になれば，治療の役割はあったといえると思う。

発達障害の支援では，特性を活かす，ということが言われるが，子どもたちをアインシュタインやエジソンにしたいと思っている親は，ほとんどいないものである。最初は，発達障害がないとすれば普通に得られるはずの幸せを望み，そして支援が進むなかで，その子がその子ならでは感覚や物事のとらえ方のなかで楽しさや満足感を得られることに幸せを感じていく。子どもも，自分が到達しようもないゴールに向けて，立ち向かっては打ちのめされることの連続では悲しいものである。ふと，いまの自分でも多くのことができており，かつてを振り返ると，非常に大きな成長を遂げていることに気づく。そして，いまの自分でいいんだ，十分やれているじゃないかと思える，そういう自己肯定感がゴールになるのだと考えている。

索　引

数 ／ A to Z

あ

さ

た

な

は

●編者紹介

中村　敬（なかむら　けい）

1982年，東京慈恵会医科大学卒業。直ちに精神医学講座に入局し，主として森田療法に携わる。現在，東京慈恵会医科大学附属第三病院長，同大学森田療法センター長，精神医学講座教授。日本森田療法学会理事長として，森田療法の国際化，外来治療における技法の開発，うつ病に対する森田療法の応用などに努めている。

日常診療における精神療法
10分間で何ができるか

2016年11月19日　初版第1刷発行
2017年3月30日　初版第2刷発行

編　集　中村　敬
発行者　石澤雄司
発行所　株式会社星和書店
〒168-0074　東京都杉並区上高井戸1-2-5
電話　03（3329）0031（営業部）／03（3329）0033（編集部）
FAX　03（5374）7186（営業部）／03（5374）7185（編集部）
http://www.seiwa-pb.co.jp